万物有科学
地球奇观

《万物》编辑部◎编　刘勇军◎译

EARTH
&
THE NATURAL WONDERS

湖南少年儿童出版社
HUNAN JUVENILE & CHILDREN'S PUBLISHING HOUSE　小博集

·长沙·

著作权合同登记号：字 18-2024-042

审图号：GS（2024）2047 号

图书在版编目（CIP）数据

万物有科学 . 地球奇观 /《万物》编辑部编；刘勇军译 . -- 长沙：湖南少年儿童出版社，2024.7
ISBN 978-7-5562-7638-7

Ⅰ . ①万… Ⅱ . ①万… ②刘… Ⅲ . ①科学知识—青少年读物②地球—青少年读物 Ⅳ . ① Z228.2 ② P183-49

中国国家版本馆 CIP 数据核字（2024）第 095213 号

WANWU YOU KEXUE DIQIU QIGUAN

万物有科学 地球奇观

《万物》编辑部 编　刘勇军 译

责任编辑：张　新　李　炜　　　　　　策划出品：李　炜　张苗苗
策划编辑：蔡文婷　　　　　　　　　　特约编辑：张丽静
营销编辑：付　佳　杨　朔　苗秀花
版式排版：马睿君　　　　　　　　　　封面设计：主语设计

出　版　人：刘星保
出　　　版：湖南少年儿童出版社
地　　　址：湖南省长沙市晚报大道 89 号　　邮　　编：410016
电　　　话：0731-82196320
常年法律顾问：湖南崇民律师事务所　柳成柱律师
经　　　销：新华书店
开　　　本：889 mm×1194 mm　1/16　　印　　刷：河北尚唐印刷包装有限公司
字　　　数：99 千字　　　　　　　　　　印　　张：7.5
版　　　次：2024 年 7 月第 1 版　　　　印　　次：2024 年 7 月第 1 次印刷
书　　　号：ISBN 978-7-5562-7638-7　　定　　价：44.80 元

若有质量问题，请致电质量监督电话：010-59096394　团购电话：010-59320018

地球

及 自 然 奇 观

一个关于我们这个神奇的星球和它令人惊叹的
自然奇观的完整指南!

太空中的地球

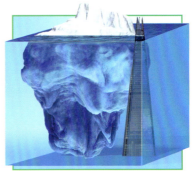

已知的世界

天气的形成

自然灾害

极端的地球

奇特的现象

目 录 Contents

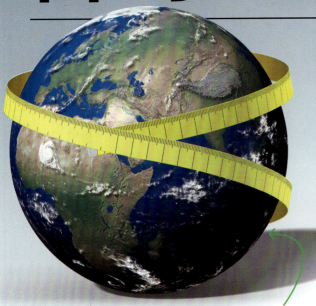

地球有多大？

翻到第 28 页进行测量

地球如何围绕太阳旋转？ 第 18 页

脑力游戏

关于我们星球及其自然奇观的大测验！ 第 116 页

请注意这些符号！

 蓝色圆圈代表知识问答

橙色圆圈代表与话题相关的惊人事实

绿色圆圈代表词语解释

粉色圆圈代表事件发生的地点

**地球的迷人之处
翻开这本书开始了解**

**最大的火山爆发
发生在哪里？**

关于火山爆发的内容翻到第 56 页

探索亚马孙

翻到第 106 页乘船游览

**你喜欢书中的
内容吗？**

如果喜欢，就在画有这
样标志的地方打钩吧！

地球的奇妙之处

地球在哪里？

1.5 亿千米

地球和太阳之间的平均距离约为 1.5 亿千米，这相当于环绕地球 4000 次所走过的路程！

12,756 千米

这是地球赤道的直径长度。 地球是太阳系最大的岩石行星。

第 3 近的行星

我们的星球是离太阳第 3 近的行星。 它位于太阳系的可居住区域，表面的温度正好适合生命存活。

30 千米每秒

地球以这个速度飞快地绕着太阳转动。 地球在太空中的运动速度比飞机快 100 倍！

5 大气层可以分为5层，每一层有不同的组成成分、气压和温度。

100 千米

这是地球大气层的厚度。

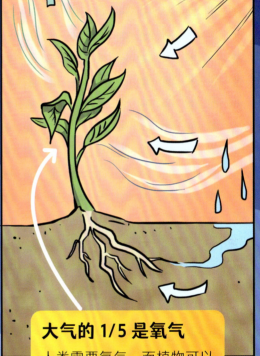

90%

大气层中90%的气体都集中在距地球表面15千米以下的高度。地球的引力将气体分子牢牢地束缚在地球表面。

大气的 1/5 是氧气

人类需要氧气，而植物可以通过一种叫作光合作用的化学反应来生成氧气。

大气层是一道屏障

它使我们免受来自太阳的大部分危险辐射的伤害。没有大气层，生命便无法存活。

地球的天气

北半球
位于北极和赤道之间。

南半球
位于赤道和南极之间。

赤道地区为什么很热?
太阳直射赤道,使这里得到了更多的太阳能,因此这里的温度更高。

太阳影响了地球的天气变化

太阳使地球和大气层变暖,由此产生了风和云。

100 米每秒
最快的风速可以达到这一数值。最强的大风出现在飓风和龙卷风中。

2000 亿
地球每年的降雨量可以填满这一数量的奥运会标准游泳池,相当于地球上的每个人有 25 个游泳池!

−89.2℃
这是在南极洲记录到的有史以来的最低温度,比英国冬天的平均温度低90℃左右。

1000 万

科学家认为地球上有超过 1000 万种生物。到目前为止，他们已经发现了约 175 万种。

6000

哺乳动物有 6000 多种，包含地球上体形最大的动物。

10,000

地球上约有 10,000 种鸟类，它们是恐龙的近亲。

11,000

世界上约有 11,000 种不同的爬行动物，在除南极洲以外的大陆上都有它们的身影。

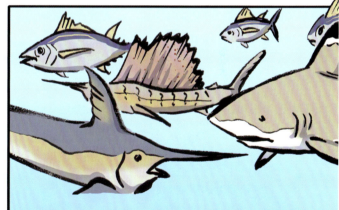

33,000

地球上的湖泊、河流、海洋中约有 33,000 种鱼类，科学家认为还有更多的鱼类有待人们发现。

80 亿

截至目前，全球人口总数已经超过了 80 亿，是 20 世纪 60 年代全球人口总数的 2 倍多。

72%
这是极地的淡水量占全球总淡水量的比例。极地的淡水冻结在巨大的冰原中。

10℃
这是温带森林的平均气温。温带意味着那里的气温既不太高，也不太低。

1/4
这是地球上草地面积占全部陆地面积的比例。草地上有动物吃的各种草类。

5%
这是地球上被人类探索过的海洋所占的比例，我们对月亮的了解超过了对深海的了解。

3000 万

科学家预测生活在雨林中的植物和动物超过 3000 万种。

8848.86 米

这是地球上海拔最高的山峰——珠穆朗玛峰的高度，比大本钟高 90 多倍。

400 年

智利的阿塔卡马沙漠已经有 400 多年没有下雨了，那里是地球上最干燥的地方。

生命来自海洋

大约 38 亿年前，海洋中进化出了地球上最早的生命形式。

火 山 和 地 震

15

地壳被分割成了 15 个板块，它们有的在慢慢靠近，有的在逐渐分离。

地震是由地球内部能量突然释放造成的一种现象

板块有时会互相挤压，导致内部的压力增加。地震时，压力得到了释放。

10 厘米每年

这是板块的最高移动速度。板块在熔融的岩石层——地幔的顶部缓慢移动。

地球板块与地震、火山喷发

地球的板块被称为构造板块，它们的运动导致了火山喷发和地震。

板块为岩浆创造了通道

板块不仅会互相挤压，也会彼此分离，这会使炽热的液态岩浆到达地球表面，造成火山喷发。

1%

这是地壳占地球总体积的比例。地壳是地球内部结构中最薄的一层。

7000 千米

这是外核的直径，是月球直径的 2 倍长。

20 毫米每年

这是地幔中物质移动的平均速度，它会随着地幔温度的变化而增大或减小。

6000℃

这是地球内核的温度，虽然这里温度极高，但压力也很大，所以内部的物质无法熔化，内核是固态的。

内核在增长

据科学家估计，内核每年增长约 1 毫米。

外核导致地球磁场的产生

外核中流动的金属会产生磁场，可以保护地球免受危险的太空粒子的伤害。

13

大陆

七大洲

我们的地球被划分成了七个大洲，有的被海洋环绕，有的则连接在一起。每个大洲上都有不可思议的美景。

南美洲

这里有世界上落差最大的瀑布——安赫尔瀑布，以及世界上水量最大的河流——亚马孙河。

北美洲

这块巨大的大陆从寒冷的北极边缘一直延伸到哥斯达黎加的沙滩。

南极洲

这里是地球上平均海拔最高、风力最大、最寒冷的地方，其98%的面积上覆盖着厚厚的冰层。

欧洲

欧洲与亚洲相连。关于两大洲的分界在哪里有很多争论。

亚洲

全球超过一半以上的人住在这片大陆上，这里有超过 40 亿的人口……这个数量已经非常多了！

泛大陆

所有的大陆曾经都连接在一起，这个巨大的超级大陆被称为泛大陆。

非洲

非洲的上半部分主要是沙漠，这片沙漠被称为撒哈拉沙漠，是地球上最大的热沙漠。

大洋洲

地球上最小的大洲，由大约 25,000 个岛屿组成，表面被热带雨林和火山覆盖。

太空中的地球

为什么地球上有生命？

金星太热，火星太冷，而地球上的温度刚刚好，这是人类能居住在这里的部分原因。

你听说过金发姑娘和三只熊的故事吗？在这个故事中，一个叫金发姑娘的女孩走进了三只熊的家里，她品尝了三碗粥。第一碗太烫，第二碗太冷，第三碗的温度恰到好处。我们的星球也必须具有恰到好处的温度，只有这样，人类和地球上的其他生物才能舒适地生活，作物和其他植物才能茁壮生长。

地球的温度之所以恰到好处，是因为它离太阳既不是太近，也不是太远，它位于人们所说的"可居住区域"。我们的星球还有一层像毯子一样的大气层。它被地球的引力牢牢地吸引，既可以锁住大量的热量，使我们保持温暖，也可以防止有害的辐射进入。

炎热的金星

金星就像一个温室，它是太阳系中温度最高的行星。它的大气层非常厚，而且比地球离太阳更近。

拥抱太阳的水星

尽管水星离太阳最近，但它要比金星寒冷。水星看上去就像月亮一样，而且它没有大气层。

寒冷的火星

火星上非常寒冷，因为它离太阳更远，而且没有多少大气层可以用来保持温度。像金星一样，这里也不是居住的好地方！

完美的距离

我们的星球和太阳之间的距离非常合适，这使它既不太热，也不太冷。这意味着，地球上的海洋既不会全部被蒸发掉也不会结冰。在这样的温度下，作物也能生长。

地球如何围绕太阳旋转？

也许你觉得自己现在静止不动，
但地球正带着你旋转！

绕着太阳跳舞

我们的星球一边自转，一边绕着太阳运动，像芭蕾舞者一样在旋转。当你从1数到2的时候，你已经移动了1千米！

半球

想象一下，用一条线将地球分成上半部分和下半部分，这两部分分别被称为北半球和南半球。

减速

月球使地球的速度不断减慢。数百万年前，地球上的一天比现在要短，不过你几乎不会注意到这种变化，因为差距不到1秒。

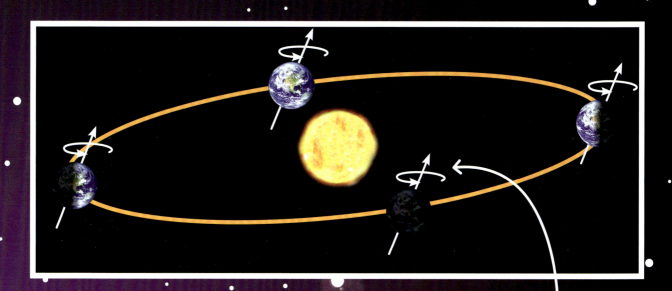

倒转

从地球表面上看，我们的星球似乎是由西向东在自转。但如果从宇宙飞船上鸟瞰地球，你会发现它的运动方向正好相反。

穿过地心的轴线

地球在绕着一个假想的轴旋转，这个轴大约倾斜了 23 度，使地球看起来像马上要倾倒了一样。

我们的星球自转一圈需要 24 小时，它的每一面都能照到阳光。

为什么会有白天和夜晚？

我们的地球像一个陀螺，在明亮的阳光中不停地转动。正因为如此，我们才知道何时睡觉，何时起床。

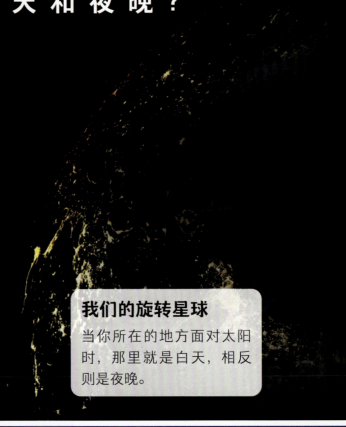

我们的旋转星球
当你所在的地方面对太阳时，那里就是白天，相反则是夜晚。

制造白天和夜晚

如果你有一个橙子和一个手电筒，就可以在一个黑暗的屋子里制造白天和夜晚了。首先，你要用记号笔在橙子中间的位置做一个标记。然后，把手电筒对准橙子，从左向右移动。你会看到做好的标记从光亮处进入了阴影处。这就是地球上白天和夜晚的交替方式。

24小时

这是地球自转一圈所需要的时间。

月亮和星星

我们通常会在夜晚看到月亮和星星，但其实它们一直在那里。我们之所以在白天看不到它们，是因为白天的太阳光线太明亮了。

灿烂的太阳

太阳是天空中最亮的物体，它给我们带来了白天。太阳的温度非常高，因此我们会觉得白天比夜晚暖和。

太阳和月球

| 我们为什么需要太阳？

没有太阳，就没有我们。太阳给我们温暖，帮助植物生长，还能阻止我们的星球"飘走"！

太阳发出的热量使地球保持合适的温度

如果没有太阳，地球就会结冰。幸运的是，我们的星球和太阳之间有着合适的距离，使我们能够处于理想的温暖状态。

帮助植物生长

植物通过光合作用将来自太阳的光能转化为化学能。没有阳光，植物就无法生长。

太阳使地球能够在轨道上稳定运转

地球绕着太阳转，是因为太阳与地球之间的引力。如果没有太阳，地球就飞走了！

让我们看到光明

太阳真的很重要，因为它能使我们看见事物。它是一种十分重要的自然光源。

帮助我们保持健康

太阳能帮助我们的身体产生维生素D，从而使我们的骨头、皮肤和头发保持健康。

我们可以把太阳光转变成能源！

太阳能电池板能吸收太阳释放的热和光，并将其转化为电能，可以给我们供电。

23

我们为什么需要月球？

如果没有月球，在离开人造光源之后，我们很难在夜晚看见周围的环境。月球还可以帮助地球保持稳定，防止洪水泛滥！

384,401 千米

这是地球到月球的距离，相当于绕地球九圈半！

月球与潮汐

月球对地球上的海水有吸引力。如果没有月球，许多沿海地区会被海水淹没。

维持地轴的稳定！

月球对地球的引力有助于地球地轴倾斜程度的稳定。没有月球，地球的地轴可能会发生剧烈摆动！

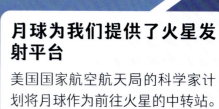

月球为我们提供了火星发射平台

美国国家航空航天局的科学家计划将月球作为前往火星的中转站。

帮助我们了解太空

通过登月以及对从月球上带回的碎片的研究，我们可以了解岩石行星是如何形成的。

阻止了某些物体对地球的冲击

月球的引力吸引了一些一直在太空飞行的流星和小行星，减少了它们对地球的冲击。

照亮了夜晚的世界

照到月球上的太阳光被反射到地球上，能为我们的夜晚提供照明。这意味着太阳落山后我们仍然可以看到东西。

25

为什么冬天冷，夏天热？

地球是倾斜的。正是由于地球的倾斜，才有了季节的变化。同一时间，太阳直射的半球就是夏天，相反则是冬天。

尽管我们在地球上感觉不到，但地球是倾斜的。地球在太空中运行，有时太阳直射地球的上半部分，这部分更靠近太阳，有时则恰好相反。这里的上半部分指的是北半球，美国就位于这个半球。

当北半球向太阳倾斜时，这个半球就是夏天，因为它能得到更多的光和热。与此同时，南半球就是冬天。随着地球在轨道上运行，太阳直射的位置逐渐向南半球移动，季节随之发生变化。

地球绕太阳旋转一圈需要 365 天

夏天
当地球运行到这里时，北半球更靠近太阳。这意味着美国处于夏天，白天又长又热。

春天

当地球运行到这里时，北半球和南半球离太阳一样近。在美国，白天变得越来越长，天气也逐渐热了起来。春天终于来临！

冬天

此时北半球远离太阳，美国进入了冬天。天黑得越来越早，太阳升起得越来越晚。天气变得寒冷，甚至还会下雪！

秋天

随着地球移动，美国的白天再次变得越来越短。树上的叶子掉了下来，树木开始为过冬做准备。

地球科学

| 地球有多大？

地球的赤道直径达到了12,756 千米，但它只是太阳系中的第五大行星。

与其他行星相比，地球很小

地球是太阳系中的第五大行星，也是最大的内行星[①]。木星、土星、海王星和天王星这些外行星[②]都比地球大。

地球的"腰围"很粗！

人们曾经认为地球是完美的球形，但实际上地球的赤道是凸起的。赤道的直径比南北极之间的距离长 42 千米。

地球和一颗死恒星一样大

当红巨星死亡时，就会变成白矮星。这些死恒星的大小和地球差不多，但它们非常重，有的和太阳一样重。

赤道周长 40,075 千米

---

① 亦称"带内行星"，太阳系行星的一种分类，以小行星主带为界，轨道在小行星主带以内，位于太阳系内圈，有四颗行星，距太阳由近及远顺序依次是：水星、金星、地球和火星。——编者

② 亦称"带外行星"，太阳系行星的一种分类，以小行星主带为界，轨道在小行星主带以外，位于太阳系外圈，有四颗行星，距太阳由近及远顺序依次是：木星、土星、天王星和海王星，又分巨行星和远日行星两类。——编者

28

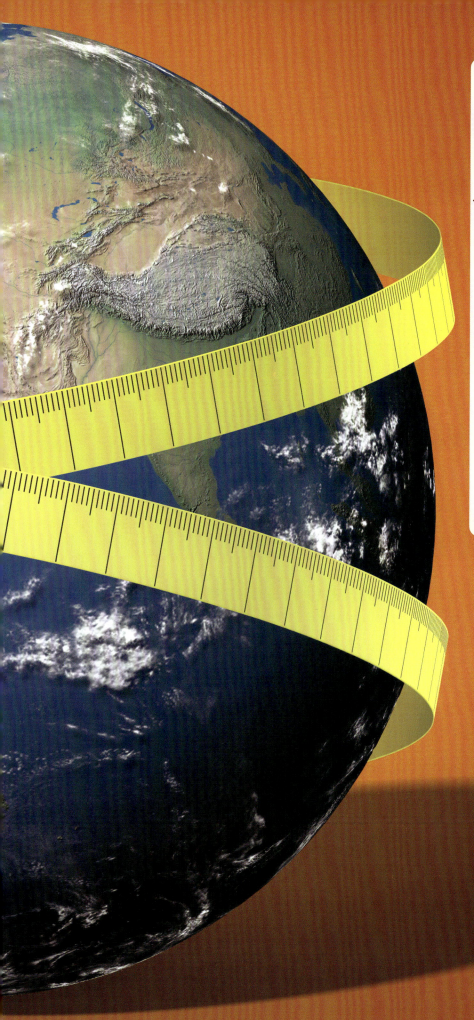

环绕地球一圈需要多长时间？

坐飞机
2天

驾车
17天

坐船
69天

步行
334天

木星最大的风暴能够容纳3个地球

木星是太阳系中最大的行星，它的表面刮着猛烈的、永不停止的风暴。这个风暴非常巨大，足以容纳3个地球。

赤道

这是一条环绕地球中部的假想线，经过了沙漠、丛林还有海洋。

地球的神奇磁场

尽管你看不到，但地球周围有一个巨大的磁场。它可以保护我们的星球不受危险的太空粒子的伤害。

和条形磁铁一样，地球的北极和南极都有磁性。科学家认为这一切都源于地核。地球中心的大部分是由沸腾的液态铁组成的。这些熔化的金属的流动和地球的旋转，导致了磁场的产生。

磁场的存在可以使指南针指向北方，因此我们可以利用地球的磁场进行导航。磁场对地球上的生命也非常重要。太阳向太空释放了许多危险的粒子。地球的磁性就像一个力场，可以阻止这些粒子到达地球。

磁感线

磁感线实际上是看不见的，它们分布在磁铁周围。

磁感线

微小的铁屑可以显示出磁铁周围的磁感线。地球的磁感线可以延伸到遥远的太空。

地球的盾牌

来自太阳和外太空的粒子是危险的，而地球的磁场就像一个盾牌，可以迫使它们离开。

磁南极

地球的磁极大约每20万年交换一次。目前，地球的磁南极在北极。

磁北极

磁北极实际上靠近南极洲。地球的磁极并不固定，每天都在轻微地移动。

铁核

地核中液态铁等金属的流动产生了磁场。液态铁的温度接近太阳表面的温度。

条形磁铁

地核就像一个条形磁铁。不过，在地球表面，磁场的强度甚至比冰箱贴还要微弱。

物体为什么会掉到地上？

地球上有一种看不见的力量，能把你拉向地面，能使物体向下运动，这种力被称为重力。

重力是由一位名叫艾萨克·牛顿的科学家发现的。一天，他坐在果园里，看见一个苹果掉到地上。他由此意识到，像地球这样又大又重的物体会像拔河队一样把较轻的物体拉向自己。

宇宙中的一切物体都有引力场，但我们能直观感受到的是地球的引力，因为它是我们周围最重的物体。向上扔的球看上去好像暂时摆脱了重力的影响，但来自巨大的地球的引力会把它拉回来。物体越重，引力就越大[①]。

───────────

① 在不考虑地球自转的影响时，地面上的物体所受的重力等于地球对该物体的引力。——编者

牛顿利用自己的定理计算出了其他物体的运动方式，如恒星和行星的运动轨迹。

重力的作用

也许你会认为，重的物体下降的速度要比轻的物体快。但实际上，物体的下降速度与重量无关。做一个简单的实验来看看情况究竟如何吧！

34千克

这是体重为90千克的人在火星上的重量，因为火星上的引力比地球上的小。

01 拿出两颗球

让一个朋友把一颗网球和一颗足球举到面前，要保证两颗球的底部在同一高度。

02 准备让球降落

趴到一米以外的地上，这样球在落下后就不会砸到你了。如果你有一部智能手机可以拍摄视频，那就更好了。

03 观察发生了什么

你的朋友要让两颗球同时落下。仔细地观察前方，你认为哪颗球会先落到地上？

04 你看到了什么

两颗球会同时落地。这是因为从同一高度下落的所有静止的物体，它们的下降速度是一样的，不管它们的重量多大！

33

时区

| 所有人都在同一时间吃早餐吗?

此时英国人在吃早餐

这时英国已是早上 7 点,威廉姆正在吃早餐,之后他要去上学。

尽管我们在一天当中的同一时段做着相同的事情,但世界各地的时间是不同的。

世界非常大,并不是每个地方都能在同一时间看到太阳。因此,世界需要被划分为不同的时区。

想一想中午,这个时候太阳应该高悬在天空。全世界的人不可能在同一时间度过中午。这一时间对一些人来说是中午,但对另一些人来说则是半夜!

此时纽约人已熟睡

杰西卡住在美国的纽约。现在那里是凌晨 2 点,因此她睡得很熟,准备迎接忙碌的一天。

此时印度人在吃午餐

威廉姆吃早餐的时候，是印度的中午 12：30，因此萨娜正在和朋友吃午餐。

此时日本人在享受放学后的快乐时光

在日本，现在是下午 4 点，学校已经放学，因此千代正在上放学后的绘画课。

英国和印度相差几个小时？

此时新西兰人要上床睡觉了

有些时区可能还是白天，但新西兰已经是晚上 8 点，迪伦正准备上床睡觉！

天空

| 天空为什么是蓝色的？

太阳发出的光是由和彩虹一样的 7 个
颜色的光组成的，但蓝光更容易散
射。因此，天空大部分时间看
起来都是蓝色的。

01

阳光

阳光由许多不
同颜色的光组
成，它穿过太
空到达了地球。

彩虹

当阳光穿过雨滴时，所有颜
色的光都会分散开，这时，
我们常常会看到彩虹。

大气层

这是围绕在地球周围的空气层的名字。

02

地球的大气层

我们的星球周围有一层空气，叫作大气层。当光线到达大气层时，会向各个方向散开，就像你用筛子筛面粉一样。

03

蓝天

蓝光要比其他颜色的光更容易散射，这是由蓝光的传播方式决定的。蓝光会向各个方向散射，因此天空看上去是蓝色的。

天空有多高？

天空，也就是我们的大气层，从地球表面向上延伸到了 100 千米以外的地方。地球上的所有天气都发生在大气层底部 10 千米以内的范围。

我们常说的天空实际上是地球的大气层。有了这层围绕地球的气体，我们才可以生存。大气层里的气体包括我们呼吸所需的氧气和帮助植物生长的二氧化碳，还有可以防止我们受到来自太阳有害光线伤害的臭氧，以及用来形成雨水的水蒸气。

大气层主要有 3 层，但所有的云、雨、风暴都出现在大气层底部约 10 千米以内。大气层的边界在地球上空约 100 千米处，这里是太空的起点，被称为卡门线。

这里是云层最高的地方。但事实上，整个地球的天空要比这高得多。

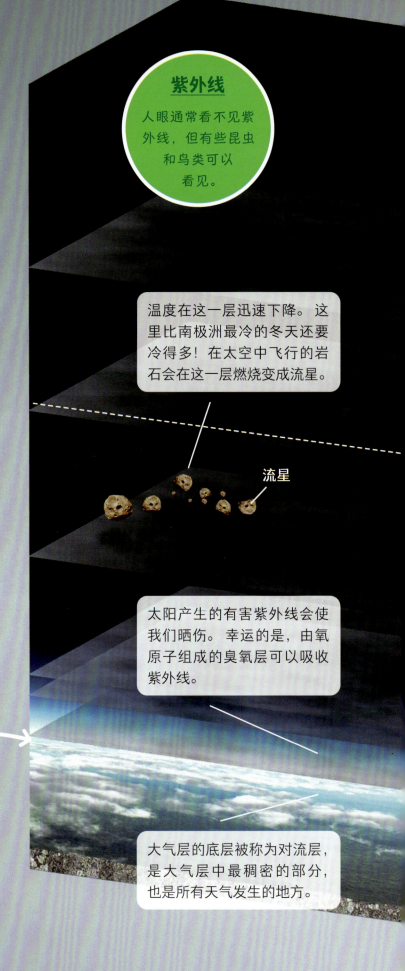

紫外线

人眼通常看不见紫外线，但有些昆虫和鸟类可以看见。

温度在这一层迅速下降。这里比南极洲最冷的冬天还要冷得多！在太空中飞行的岩石会在这一层燃烧变成流星。

流星

太阳产生的有害紫外线会使我们晒伤。幸运的是，由氧原子组成的臭氧层可以吸收紫外线。

大气层的底层被称为对流层，是大气层中最稠密的部分，也是所有天气发生的地方。

这一层的空气非常稀薄，你在这里无法呼吸。在比世界最高峰还要高100倍的地方，所有的空气都消失了。

太阳光照射到这一层的气体上，可能会产生美丽的光带，这些光带被称为北极光或南极光。从这里往上就算是太空了。

外逸层

北极光

电离层

太空

大气层

国际空间站

100 千米

中间层

平流层就在对流层的上面。飞往其他国家的喷气式客机大约在这个高度飞行，这是为了躲避下面对流层的天气变化。

臭氧层

平流层

20 千米

对流层

喷气式客机

地球的神奇灯光秀

在北极附近的地区，某些夜晚，天空中会出现非常壮观、五彩斑斓的光芒，这些光芒被称为北极光。

我们都知道太阳会发光发热，但它也会释放出一些不寻常的东西，比如说"风"。不过，这不是我们所熟知的风，它既不能鼓满船帆，也不能吹过树林间。太阳风是一股穿越太空的微小粒子流，其中一些粒子是带电的。

当这些粒子撞击地球的大气层时，大多数都会被地球周围的磁场反弹回去。但在北极，有些薄弱的地方可以让粒子通过。当粒子与空气中的原子接触时，就会发生反应并呈现出神奇的色彩。这种情况也可能发生在南极，我们称之为南极光。

极光

"极光"一词源于古罗马单词 aurora，意思是"日出"。

地下

十大地下奇观

地下隐藏着各种神秘而奇妙的东西，有珍贵的宝石和恐龙化石，还有价值数百万的黄金等贵金属！

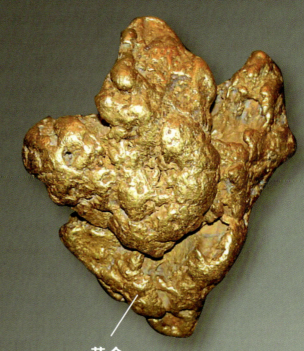

黄金

我们挖出的大部分黄金实际上并不是在地球上形成的。它们往往是由撞击地球的陨石带来的。很久以前，陨石就将黄金撞进了地下。

钟乳石和石笋

不要混淆这些在洞穴中发现的尖尖的岩石。石笋从地上指向空中，而钟乳石则长在洞穴的顶部！

煤和石油

信不信由你，煤炭是由死去的植物形成的，而石油是由数百万年前死去的海洋生物形成的。这就是为什么我们称它们为化石燃料！

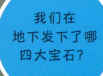

我们在地下发下了哪四大宝石？

银

银的导电性比其他任何金属都要好。如果不是因为银很稀有，所有的电子设备和电线都会用到它！

熔岩

地底深处的温度足以熔化岩石，我们把熔化的岩石称为岩浆。当岩浆到达火山表面时，我们称之为熔岩。

化石

6500 万年前，在一颗巨大的小行星撞击地球后，恐龙灭绝了。我们之所以知道恐龙曾经存在过，是因为我们发现了埋藏于地下的恐龙化石。

铂金

你的身边可能有很多这种从地下挖掘出来的贵金属，因为它们经常被用于制造电脑和手机。

翡翠、蓝宝石和红宝石

这三种宝石与钻石一起被称为四大宝石。它们呈现出来的美丽色彩来自它们所含有的不同物质。

钻石

钻石形成于地球深处，那里的温度和压力都非常高。火山爆发把它们带到了接近地表的地方。

微生物

蠕虫和鼹鼠喜欢在土壤中生活，但与在大约地下 3 千米处发现的一种名为金矿菌的细菌相比，这也算不了什么了！

最大的水晶有多大？

神奇的水晶洞穴中有长度超过 10 米、重约 55 吨的水晶。这里是地表以下 300 米的地方。

你大概不会找到比神奇的水晶洞穴中的水晶还要大的水晶了！这里是一个地下深处的石灰岩洞穴。它已经被水淹了 50 万年，靠下面沸腾的液态岩石（岩浆）来保持温暖。这些条件使这个洞穴成为水晶生长的完美场所。想象一下人们发现它时，脸上露出的惊讶表情吧！

把洞穴中的水抽干后，人们发现了里面的水晶。当时这么做是为了保护附近的一个矿井不被洪水淹没。不幸的是，这些水晶在暴露到空气中时开始破裂。科学家不得不抓紧时间对洞穴进行研究。最终，人们会把水灌回洞穴，以保护这些水晶。

这个水晶洞穴就在墨西哥的奇瓦瓦附近。

位于火山上方
下方的岩浆可以使洞穴保持温暖，为水晶的生长创造良好的环境。

更多的洞穴

在这个水晶洞穴的上方有一个剑洞，由大约 1 米长的小一点的水晶组成。有迹象表明，附近可能还有其他洞穴，里面可能有更大的水晶，但探险家还尚未找到。

巨大的水晶

这些巨大的水晶是世界上最大的水晶之一，它们的形成大约需要 60 万年。

难以勘探

闷热的环境使这个洞穴难以勘探。这里的温度超过 50 ℃，探险家在没有保护的情况下只能在洞穴里待 10 分钟。

地球和拼图有什么相似之处？

地球表面由许多板块组成，这些板块像拼图一样拼接在一起。

但地球表面并不是普通的拼图。哦，不。在地球这幅拼图上，每块拼图碎片总在四处移动、增大，甚至相互碰撞。尽管它们移动得非常缓慢，但这意味着国家、海洋和大陆的形状永远都在变化。

北美洲板块

北美洲板块从北极一直延伸至墨西哥，远离大西洋中部的欧亚板块。

太平洋板块

太平洋板块大部分位于水下，由此形成了太平洋。尽管如此，它仍然是拼图中非常重要的一块！

南美洲板块

"拼图碎片"相接的地方经常发生地震。在南美洲，由于太平洋板块受到了南美洲板块的挤压，所以那里的地震可能会非常强烈！

南极洲板块

南极洲板块向大西洋缓慢移动，每年大约移动1厘米。

非洲板块

非洲和南美洲的海岸线可以像拼图一样拼接在一起，因为它们曾经是一整块陆地。随着时间的推移，构造板块将两块大陆分开了。

欧亚板块

在地球这幅拼图上，最大的拼图碎片之一就是欧亚板块。这一板块从大西洋一直延伸到了亚洲。

印度洋板块

这个板块实际上可以分为两个小板块。顶部的印度板块与欧亚板块发生碰撞，形成了喜马拉雅山脉，包括珠穆朗玛峰。

5000万年

这是印度板块形成喜马拉雅山脉的时间。

山脉

世界上最高的山

世界上高度最高的山是位于夏威夷岛的冒纳罗亚山。它的高度超过 10 千米，底部宽 251 千米。

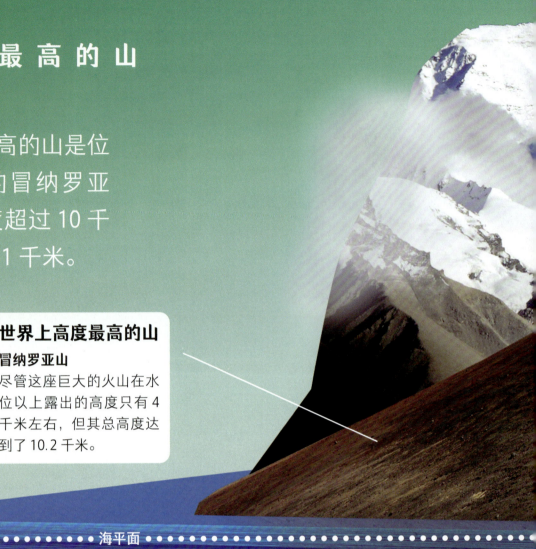

世界上高度最高的山

冒纳罗亚山
尽管这座巨大的火山在水位以上露出的高度只有 4 千米左右，但其总高度达到了 10.2 千米。

海平面

夏威夷群岛是太平洋上的一个小群岛。

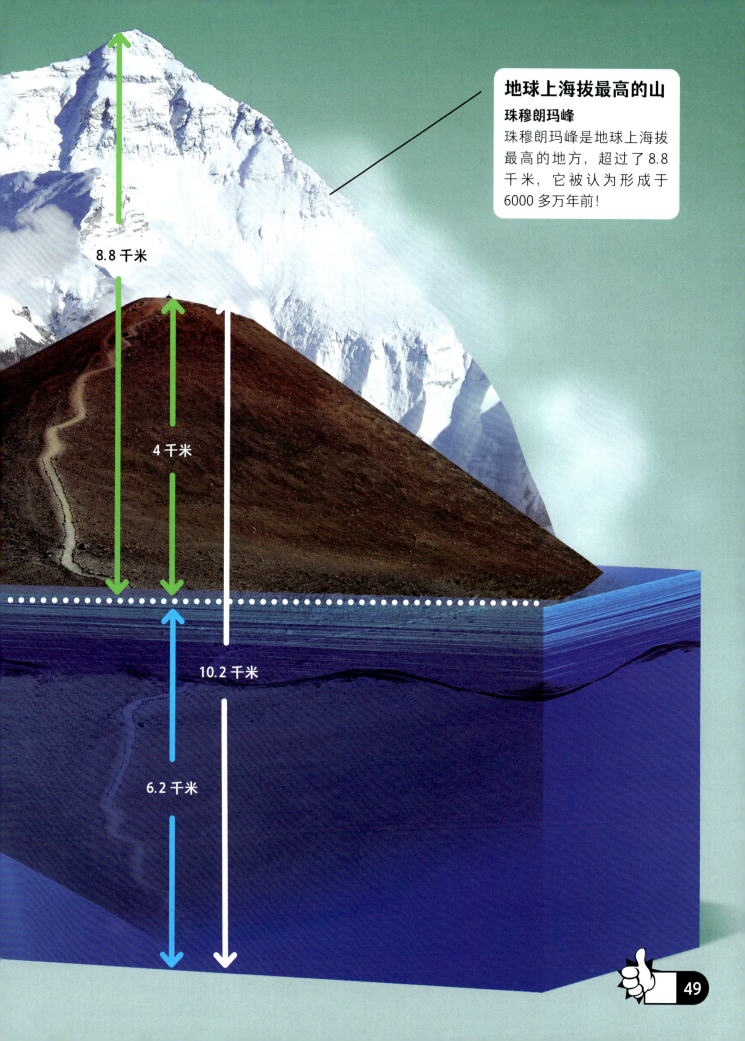

地球上海拔最高的山
珠穆朗玛峰
珠穆朗玛峰是地球上海拔最高的地方，超过了 8.8 千米，它被认为形成于 6000 多万年前！

8.8 千米

4 千米

10.2 千米

6.2 千米

自然灾害

如何制造地震？

当地壳中的岩层相互挤压并且滑动时，就会发生地震，产生剧烈的震动。下面有制造"小型地震"的方法。

地球表面由许多板块组成。这些板块在不断移动，并以巨大的力量相互摩擦和挤压。板块运动会导致地球表面断裂或者隆起。运动产生的能量以波的形式传递到地面，其威力足以震倒建筑物！

地球上到处都在发生地震，地球上每年大约会发生 500 万次地震，但人们能感受到的大约只有 5 万次。地震往往发生在断层线上，也就是板块交界处。地震对生活在断层线附近的人来说可能是致命的。你可以通过这个有趣的实验了解更多关于构造板块运动的信息！

你需要准备以下材料：

✔ 2 块奶油饼干
✔ 防油纸
✔ 黄油或人造黄油
✔ 一杯牛奶

如何用食物制造地震！

01 取一张防油纸，在上面涂上黄油或者人造黄油。然后拿一块饼干，把它整齐地掰成两半。

02 把饼干的两半放在防油纸上，向前推动其中一块的同时，向后拉动另一块。

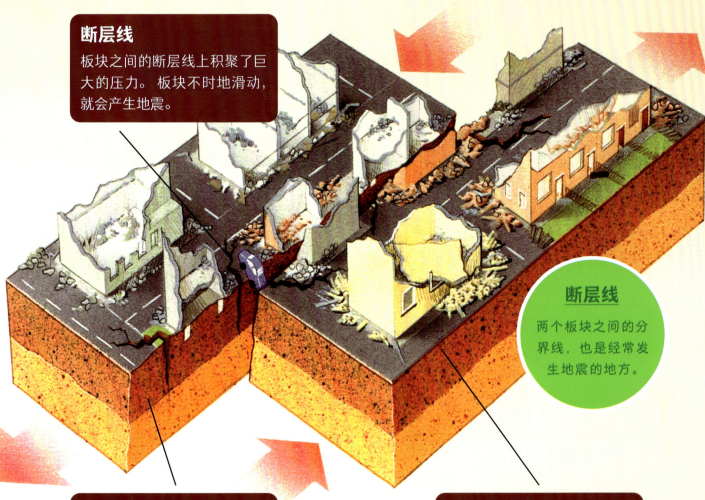

断层线

板块之间的断层线上积聚了巨大的压力。 板块不时地滑动，就会产生地震。

断层线

两个板块之间的分界线，也是经常发生地震的地方。

西部板块

与东部板块相反，西部板块正在缓慢地向南移动。

东部板块

与西部板块相反，东部板块正在缓慢地向北移动。

03 当构造板块像这样相互移动时，它们先是会碰到一起，然后会滑开并迅速向前移动。 它们的运动和饼干有什么相似之处？

04 把一块饼干的边缘蘸上牛奶。 然后将两块饼干推到一起，泡软的那块饼干就会被推起，山脉就是这样形成的。

世界上最大的海浪

海啸是具有巨大破坏性的海浪，虽然它不经常发生，但足以摧毁房屋并淹没整个城市！

海啸会引起巨大的潮汐
在海啸到达海滩之前，岸边的海水会突然消失。然后，又会迅速返回，并变得越来越大。

地震产生海啸

海啸通常是由海底地震引发的。海床上下运动就会产生巨浪，这和你在浴缸里玩水时的景象有点类似。

我们可以探测到海啸

现在，我们有了可以探测水下地震及其引发的海浪的计算机。这意味着科学家可以向附近陆地上的人们发出警告：海啸即将来临。

夏威夷群岛每年都会遭受一次海啸袭击，每7年就会发生一次大海啸。

524

有史以来最大的海浪高度达到了 524 米，比许多非常高的摩天大楼还要高。

海啸的速度非常快

这些巨浪的移动速度非常快——几乎可以达到1000千米每小时，比最快的汽车还要快得多，几乎和喷气式飞机一样。

撞击地球的最大物体是什么？

很久以前，一颗巨大的小行星撞击了我们的星球，消灭了地球上几乎所有的生命，包括恐龙。

威力远远超过第二次世界大战中所有炸药的总和

与这颗小行星释放的巨大能量相比，将第二次世界大战中使用的所有炸药一起引爆，也就相当于开了一枪而已。事实上，小行星的威力是后者的 200 多万倍。

使天空变得很热

你的父母有没有因为某个物体的表面过于"火热"，让你不要碰它？当小行星从天空中坠落时，它的温度比那个物体还要高得多，而且那时它也是火红色的。

消灭了地球上几乎所有的生命

小行星撞击地球发生在很久以前。那时，地球上还没有人类。恐龙们有的在陆地上漫游，有的在天空中飞翔，有的在海洋中遨游……直到后来，海洋变得滚烫，空气中弥漫着令人窒息的灰尘。不过，一些小型哺乳动物、蜥蜴和鱼成功地逃脱了爆炸，它们是今天的许多动物甚至是我们人类的祖先！

比世界上最重的船还重

世界上最重的船是一艘名为巴蒂吕斯的超级油轮。希克苏鲁伯小行星比它重 4 亿倍。

比珠穆朗玛峰还要大

想象一下，将珠穆朗玛峰从地上拔起，然后让它从高处落下。这将产生很大的冲击，不是吗？但这块巨大的太空岩石比世界上海拔最高的山峰还要高大约 1 千米。

今天我们仍然可以看到它形成的巨大陨石坑

这颗小行星的冲击力太大了，留下了一个名为希克苏鲁伯的陨石坑。这个陨石坑非常大，可以容纳整个夏威夷群岛，甚至还有多余的空间！

小行星撞击产生的希克苏鲁伯陨石坑是在墨西哥被发现的。

火山

威力巨大的火山爆发

喀拉喀托火山于 1883 年爆发，爆发时，在数千千米以外都能听到火山爆发的声音。这是历史上最猛烈的火山爆发之一。

喀拉喀托火山爆发时，整个世界都随之震动。这座位于印度尼西亚的火山喷发出滚烫的熔岩和燃烧的火山灰云。喀拉喀托岛的三分之二都在这次火山爆发中被炸成了碎片。巨大声响震破了数千米外船只上水手的耳膜。

火山上方的火山灰高达十多千米，比珠穆朗玛峰还要高！熔岩和岩石落入大海，掀起 40 米高的巨浪。巨浪穿过海洋，摧毁了沿途的一切。

爆炸声响彻世界

这座火山爆发时的声音非常巨大，甚至在 5000 千米外的澳大利亚都能听到。它的能量是以冲击波的形式释放的，这股冲击波绕着地球转了 7 圈！

不断增高的山峰

喀拉喀托是一个活火山遗址，在这个遗址上产生了另一个较小的火山，名为阿纳克喀拉喀托火山。在熔岩的推动下，阿纳克喀拉喀托火山每年以6.2米的速度在增长。

已经爆发了很多次

在喀拉喀托火山的下面，有一个叫作岩浆室的洞穴在不断地喷出熔岩。每隔几百年，它就会爆发，岩浆会上升到地表。

什么是火山闪电？

你知道吗，火山爆发释放的能量足以在天空中引起闪电！这种闪电被称为肮脏雷暴云。

自然界的灯光秀

火山爆发时，你当然不会想靠近它！它会产生熔岩、释放热量、喷发火山灰云，还会引起闪电！火山喷向空中的火山灰和岩石碰撞在一起，在高空产生静电。闪电实际上就是电流，所以这种情况非常适合进行令人惊叹的闪电表演！

危险！熔岩！

火山最危险的地方并不在于闪电。炽热的液态岩石（熔岩）从火山中央喷出，顺着四周流下。这些流动的熔岩可以摧毁沿途的城镇和乡村。

肮脏雷暴云

火山闪电有 3 种主要的类型：长闪电（可能长达数千米）、小火花（只有几米长）和火山口闪电，它们往往出现在熔岩喷出的地方。

30

夏威夷群岛的基拉韦厄火山是最活跃的火山，已经持续喷发了 30 年。

信不信由你

虽然很奇怪，但这是真的！

我们周围的世界和宇宙中总有些奇怪和不同寻常之处，也有很多不可思议的事情发生，不过，凡事总有一个合理的解释！

会飞的青蛙

有很多关于天上下鱼和下青蛙的报道！没有人确切地知道它们是如何到达上空的。科学家认为龙卷风会从湖泊或海洋中卷起一些动物，并将它们带到空中。

滚动的石头

加利福尼亚州的死亡谷正在发生一件奇怪的事情……一些石头正在自行移动！一种解释是，这些岩石下面结的冰形成了冰筏，使它们更容易被风吹动。

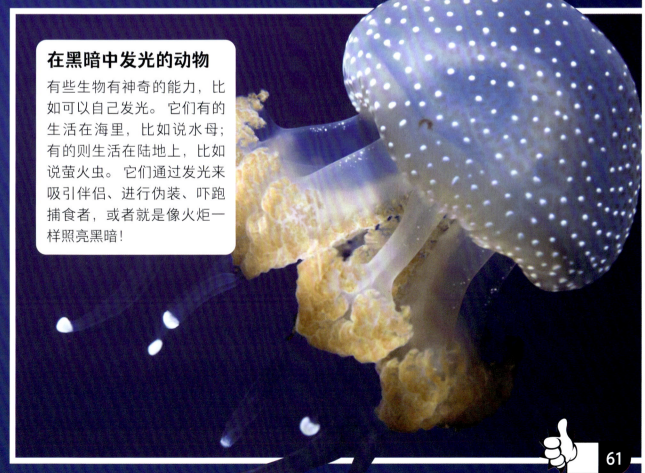

在黑暗中发光的动物

有些生物有神奇的能力，比如可以自己发光。它们有的生活在海里，比如说水母；有的则生活在陆地上，比如说萤火虫。它们通过发光来吸引伴侣、进行伪装、吓跑捕食者，或者就是像火炬一样照亮黑暗！

燃烧时间最长的火在哪里？

土库曼斯坦的地狱之门是
世界上燃烧时间最长的人
为火灾之一，它已经燃烧
了 50 多年。

天然气
由深埋在地下的腐
烂的动植物形成。

1971 年，地质学家在土库曼斯坦钻探天然气时引起了地面塌陷，在沙漠中留下了一个大坑。虽然没有人受伤，但是大量隐藏在地下的危险气体突然冒了出来。

地质学家担心矿井释放出的气体有毒，他们认为清除这些气体的最佳方法是将它们点燃。地质学家原本希望这些气体能在几天内燃烧殆尽，但 50 多年后大火还在燃烧！

地狱之门在中亚土库曼斯坦的卡拉库姆沙漠。

大火

这个大坑宽 70 米，深 20 米，周围甚至没有一道可以阻止人们掉进去的屏障！

地狱之门

离这里最近的德韦泽村的人们把它命名为地狱之门，因为这里有沸腾的泥浆和明亮的火焰。

火上浇油

大火一直在燃烧，因为有很多天然气为它提供燃料。

水世界

地球上有多少水资源？

我们的星球上有很多水……确切地说是 13.86 亿立方千米。如果地球像篮球一样大，那么所有的水合起来就和斯诺克球（障碍台球）的大小一样。

地球上有很多水，但能喝的水却很少

地球上 96% 的水是海洋中的盐水。有的海洋的深度达到了 11 千米，但它们的水都不能直接饮用。

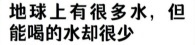

虽然地球上的海洋看起来似乎没有止境，但我们星球的大部分都是由岩石和金属组成的。

大部分的淡水都被锁住了

地下的饮用水比河流和湖泊中的饮用水要多得多，还有更多的淡水被冻结在冰盖和冰川中！

水可以升到空气中

当水的温度升高时，它会从液态变成气态，然后上升到空气中，这种形态的水被称为水蒸气。地球上的许多水都飘浮在我们的大气层中。

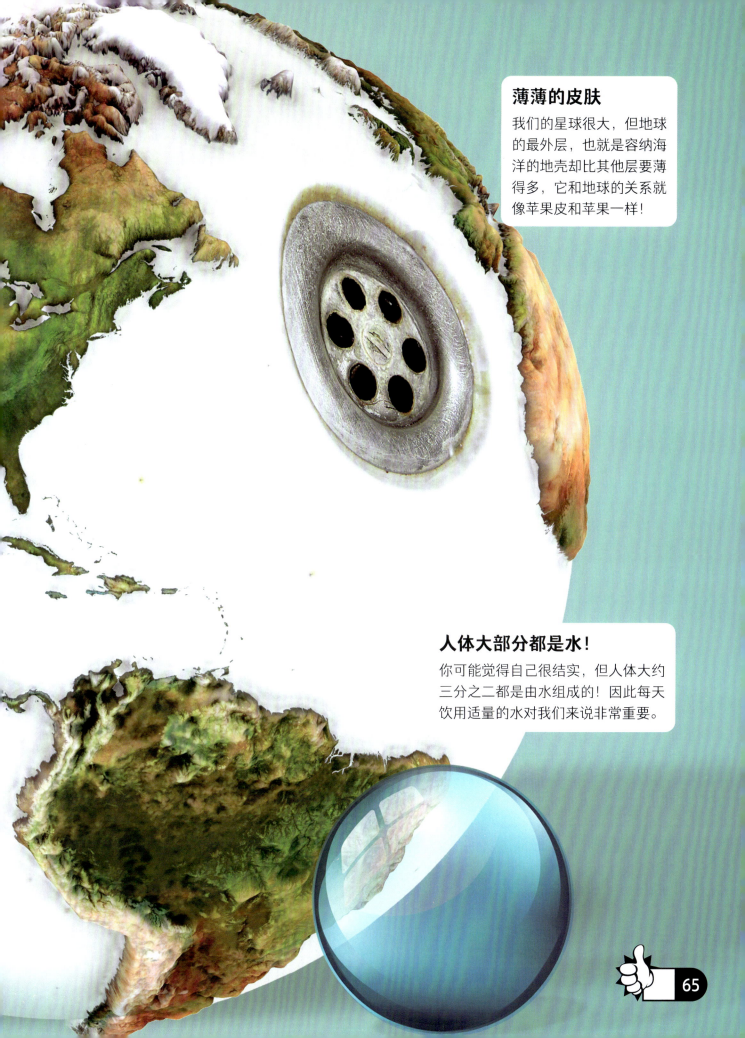

薄薄的皮肤

我们的星球很大，但地球的最外层，也就是容纳海洋的地壳却比其他层要薄得多，它和地球的关系就像苹果皮和苹果一样！

人体大部分都是水！

你可能觉得自己很结实，但人体大约三分之二都是由水组成的！因此每天饮用适量的水对我们来说非常重要。

最深的海洋有多深？

海洋最深的地方位于马里亚纳海沟，这里被称为挑战者深渊。它深不可测，很少有人到过它的底部！

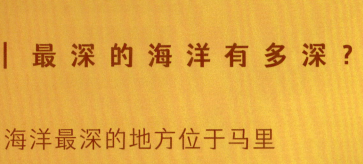

比 13 个哈利法塔加起来还要深

哈利法塔高 828 米，是目前世界上最高的建筑。马里亚纳海沟可以容纳 13 个上下摞在一起的哈利法塔。

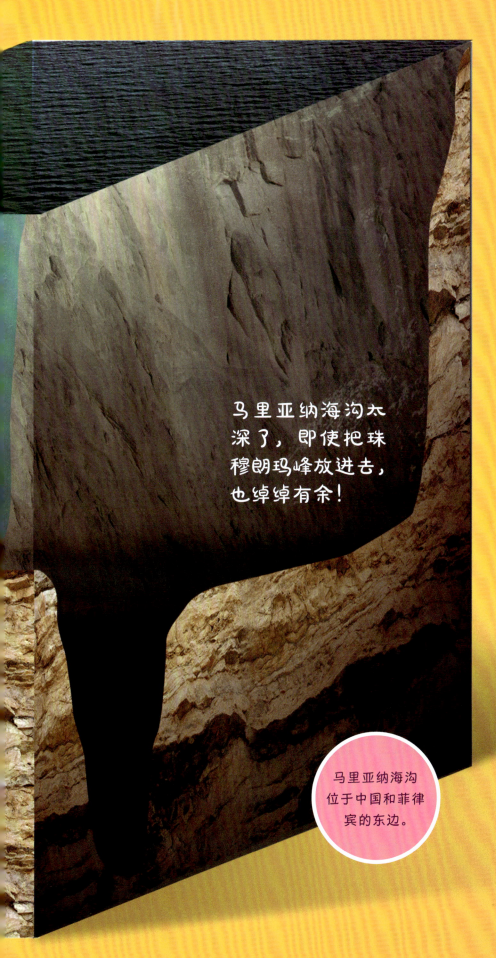

马里亚纳海沟太深了，即使把珠穆朗玛峰放进去，也绰绰有余！

马里亚纳海沟位于中国和菲律宾的东边。

马里亚纳海沟的5个事实

由地球板块的运动形成
大陆和海洋都随着板块移动。当这些板块重叠在一起时，一个板块会挤入另一个板块的下面，由此形成了深沟。

一片漆黑
阳光无法照到海面200米以下的地方，因此根本没有光线能到达马里亚纳海沟。

水压很大
这里的水压相当于在你身上堆放大约50架大型喷气式飞机！

很少有人来过这里
到目前为止，只有很少的人乘坐特殊潜艇到过这里。

有生命存在
尽管条件很极端，但是一些细菌和海参等动物还是在马里亚纳海沟里生存了下来。

间歇泉为什么会从地下喷出？

在某些地区，巨大的泉水会从地下喷出，因为它们受到了非常大的压力。

间歇泉总是出现在有岩石的地方，而且经常在火山附近。这是因为火山爆发后的火山灰在间歇泉的形成过程中起到了非常重要的作用。来自地核的滚烫岩浆使地下水的温度变得非常高。水在穿过岩石时，温度就会升高。

热水开始上升，火山灰被水溶解。然后，水流又将这些溶解的火山灰留在了岩石通道的两侧，减小了水流通过的空间，增加了水的压力。一旦水压达到一定限度，水就会以水蒸气的形式喷出地面，压力也会迅速下降。

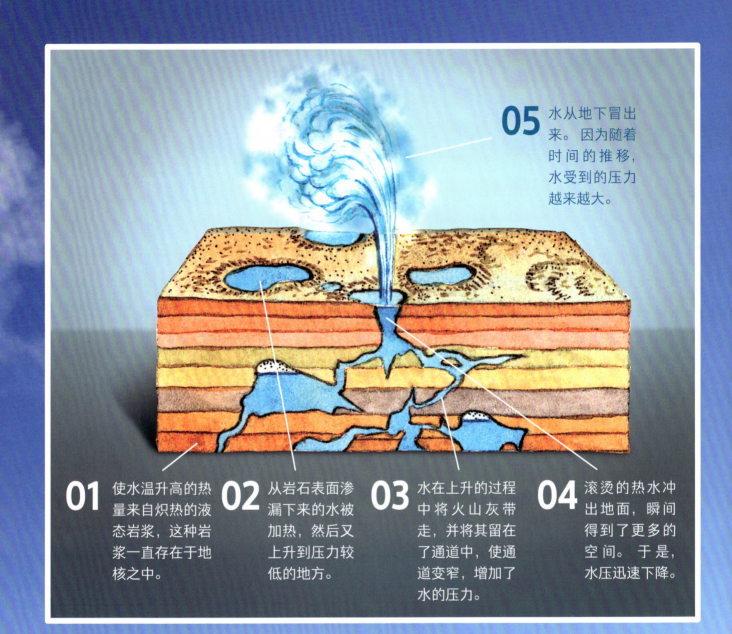

05 水从地下冒出来。因为随着时间的推移，水受到的压力越来越大。

01 使水温升高的热量来自炽热的液态岩浆，这种岩浆一直存在于地核之中。

02 从岩石表面渗漏下来的水被加热，然后又上升到压力较低的地方。

03 水在上升的过程中将火山灰带走，并将其留在了通道中，使通道变窄，增加了水的压力。

04 滚烫的热水冲出地面，瞬间得到了更多的空间。于是，水压迅速下降。

最壮观的瀑布

伊瓜苏瀑布

位于巴西和阿根廷的交界处。

伊瓜苏瀑布由275个大大小小的瀑布组成，它们呈U形排列，游客几乎在每个方向都能看到瀑布。

水流最大的瀑布

尼亚加拉瀑布

位于美国和加拿大的交界处。

尼亚加拉瀑布每秒流出的水量足以填满一个奥运会标准的游泳池。每年有超过1200万游客观赏这一自然奇观。

17

维多利亚瀑布的水幕有17个足球场加起来那么大。

落差最大的瀑布

安赫尔瀑布

位于委内瑞拉。
安赫尔瀑布的落差
接近1千米，比世
界上最高的建筑还
要高。水还没到达
地面就变成了薄雾。

最大的水幕

莫西奥图尼亚瀑布

位于赞比亚和津巴
布韦的交界处。
非洲的莫西奥图尼
亚瀑布既不是最高
的瀑布，也不是最
宽的瀑布，但它凭
借巨大的落差成了
地球上水幕最大的
瀑布。

雨和风暴

雨来自哪里？

水升入空中，变成云，然后再从空中落下，就变成了雨。这个过程周而复始，一次又一次，不断地发生！

你从水龙头里接出来的水，很可能是一周前从天上掉下来的雨水。事实上，这些水已经在地球上存在了数十亿年！正是因为有这些水，地球上的第一批植物才得以生存，恐龙喝的可能也是这些水。这些水甚至可能曾经被用来扑灭伦敦大火！

这是因为我们星球上的水是有限的，这些水一直在循环，我们称这个过程为水循环。水循环有四个重要的过程：蒸发、冷凝、降水和汇集。

02 冷凝

由于天空中温度很低，水蒸气会冷却下来，在空气中的灰尘周围形成水滴。

01 蒸发

水被太阳加热后，就有可能从液态的水变成气态的水蒸气升到空中。

03 云

水滴聚集在一起就会形成云，它们经常被风吹到内陆。

04 雨

最终，云变得越来越重，当它无法承受水的重量时，水就会以雨、冰雹，甚至是雪的形式落到地面。

05 汇集

水会流回大海，或者流到陆地上。土壤会吸收一些水分，帮助植物生长。

06 溪流和河流

有些水汇入了溪流和河流，其中有些水将流回大海。

如何制作一朵云？

水蒸发后升入空中，遇冷变成云。
你可以利用冰块自己做一朵云！

云对地球上的生命来说非常重要。它携带着所有生物生存所需要的水。

水遇热会蒸发，以水蒸气的形式升入空中，这是一种我们看不到的气体。

高空中很寒冷，当水蒸气到达这一高度时就会被冷却，聚集在一起形成云，这个过程被称为冷凝。

用这个简单的实验做一朵自己的云吧，在家就可以做。

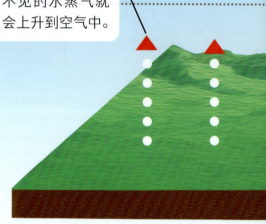

太阳
阳光使地面及地面附近的水变热、蒸发。

水蒸气上升
温度升高后，看不见的水蒸气就会上升到空气中。

你需要准备以下材料：

✔ 透明耐热容器（如耐热的玻璃杯）
✔ 热水
✔ 一个金属或箔纸制成的碟子，要能够覆盖容器的顶部
✔ 冰块

做一朵自己的云

🔴 不要在成人不在的时候做这个实验。

01 把冰块放到碟子上，让碟子冷却下来，这样碟子可以起到和冷空气一样的作用。要确保冰块不会从碟子上掉下来。

02 往耐热的玻璃杯里倒一点热水。要确保不要倒满，千万别烫到自己！

蒸发
水遇热变成气体的过程。

下雨
当云层变得足够厚，水蒸气就会再次变成液体水珠落下来，这就是下雨。

云的形成
当水蒸气停止上升时，就形成了我们看到的飘浮在天空中的云。当云变得越来越厚、越来越温暖时，它就会变暗。

03 当冰块使碟子变得足够冷时，将碟子放到杯子上面，要完全盖住杯口。

04 很快，你就会看到碟子正下方有一朵小小的云。杯子中的热水在蒸发、上升后，遇冷凝结了。

冰雹能有多大？

最大的冰雹降落在美国，它有 20 厘米宽，约为网球直径的 3 倍。

小心……冰雹！

最大的冰雹重约 1 千克，相当于一个菠萝。像这样的大冰雹可以砸碎窗户，毁坏庄稼，甚至把人砸倒！

冰雹是怎样形成的？

风暴云中的暖空气将水滴带到寒冷的云层顶部，水滴会结冰。结冰的水滴被冷空气带回底部，在那里，暖空气又将它们带到顶部。这种情况可能会发生很多次，冻结的水滴变得越来越重，直到它们变得太重落到地面。

160
千米每小时

冰雹下降的速度几
乎和一辆飞快的汽车
的速度一样！

冰雹和雪的不同之处

冰雹和雪有相同的成分，但它们看
起来和摸上去都非常不同。这是
因为它们是以不同的方式在云层中
形成的。雪是由粘在一起的冰晶
形成的，而冰雹则是一个冰球。

闪电

什么会遭到雷击？

闪电风暴是自然界最强大的
奇观之一。 闪电经常会击
中摩天大楼、电缆塔、飞机
等高大的金属物体！

闪电是一种非常强大的自然电能，它往往
在风暴云中产生。水滴相互摩擦会产生负
电荷，如果电荷足够大，它就会被地面上
带正电的物体吸引，向下劈去，将这些物
体击中。

16千米
闪电可以袭击距离
风暴云 16 千米以
外的地方。

树
闪电经常击中乡
村的树木，因为
周围没有其他高
大的物体。

飞机

飞机被闪电击中后还可以继续飞行。

云

闪电也可以发生在云层内部，所以我们并不总能看到它们。

摩天大楼

它们的顶部通常装有金属避雷针，以防止大楼被闪电击中。

电缆塔

如果电缆塔被闪电击中，整个城市都将断电！

纪念性建筑

巴黎的埃菲尔铁塔是由金属制成的，所以很容易遭受雷击。

人

幸运的是，人被闪电击中的可能性只有六十万分之一！

风力

风速能有多快？

微风的速度和自行车的速度差不多，但龙卷风的速度是自行车速度的 40 倍！

飓风

飓风是伴有大风的强力风暴，它们会造成巨大的破坏。

美国最高风速纪录

371 千米每小时

美国有史以来的最高风速发生在华盛顿山，达到了 371 千米每小时，大约相当于高端跑车的最高时速。

最强飓风

295 千米每小时

有史以来最强的飓风是 2005 年的飓风威尔玛，它移动的速度和猎鹰在空中俯冲的速度差不多！

一场英国风暴中的风速

128 千米每小时

英国风暴期间的平均风速为 128 千米每小时，和猎豹的奔跑速度一样。

最快的龙卷风

512 千米每小时

有史以来最快的龙卷风发生在美国的俄克拉何马城。

世界上最大的风暴

超级台风尼娜
1975 年，中国

在这场风暴中，大雨冲毁了 60 多座水坝，导致洪水泛滥，并摧毁了 680 万栋建筑。

大飓风
1780 年，加勒比海

这场巨大的飓风发生在美国建国之前。它夷平了坚固的石头堡垒，卷起了大炮，剥去了树皮。

波拉气旋
1970 年，孟加拉国

这股强大的气旋袭击了这个地势低平的地方。它制造的巨浪摧毁了工厂，使数百万人无家可归。

伊朗暴雪
1972 年，伊朗

1972 年的冬天一场暴风雪袭击了伊朗。强风裹挟着厚厚的大雪，摧毁了道路和电话线。

龙卷风能把房子吹起来吗？

大多数龙卷风都很小，但也有一些龙卷风非常强劲，可以吹起一栋房子，然后再把它扔到几条街之外！

龙卷风是快速旋转的空气柱，从雷暴云一直延伸到地面。它们是在温暖潮湿的空气与寒冷干燥的空气相遇时产生的。暖空气沿着冷空气向上移动时，潮湿的空气就会形成雷暴。暖空气不断快速向上移动的同时开始旋转，就形成了龙卷风的旋转气柱。

小型龙卷风的宽度与房子差不多，但大型龙卷风的宽度可以超过 1 千米。它们移动的速度也很快，从 50 千米每小时（比世界上跑得最快的人还要快一点）到 100 千米每小时（超过了正在加速的猎豹）。龙卷风几乎可以卷走沿途的任何东西，包括房屋。

奶牛

有一次，龙卷风席卷了一个农场，摧毁了建筑物，并卷走了奶牛，然后把它们扔到了另一块地里。

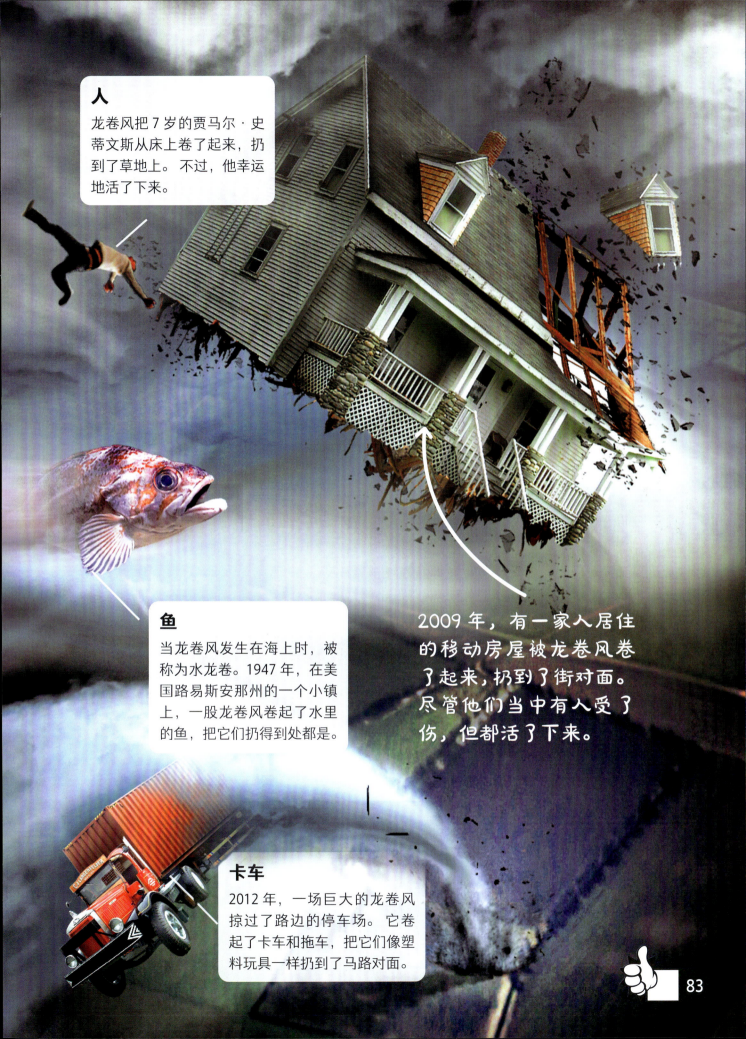

人

龙卷风把 7 岁的贾马尔·史蒂文斯从床上卷了起来，扔到了草地上。不过，他幸运地活了下来。

鱼

当龙卷风发生在海上时，被称为水龙卷。1947 年，在美国路易斯安那州的一个小镇上，一股龙卷风卷起了水里的鱼，把它们扔得到处都是。

2009 年，有一家人居住的移动房屋被龙卷风卷了起来，扔到了街对面。尽管他们当中有人受了伤，但都活了下来。

卡车

2012 年，一场巨大的龙卷风掠过了路边的停车场。它卷起了卡车和拖车，把它们像塑料玩具一样扔到了马路对面。

侵蚀

| 天气造就的六大迷人景观

风和雨是令人惊叹的自然艺术家，它们可以把坚硬的岩石雕刻成美丽的形状，这就是侵蚀作用。

01 羚羊峡谷

美国亚利桑那州

这个蜿蜒的沙质峡谷是由季风季节的山洪形成的。大雨冲刷着岩石，在岩石之间留下了空隙。

02 魔鬼花园

美国犹他州

这些沙漠中的岩石被风雕刻成了奇形怪状的柱子，这些巨型雕塑被称为石林。

03 纪念碑谷

美国亚利桑那州

在许多美国的牛仔电影中都可以看到这个著名的山谷，它是很久以前被河流冲刷形成的。由于坚硬的砂岩不易侵蚀，因此形成了 1000 多米高的山脉！

04 撒哈拉岩石

撒哈拉沙漠，北非

撒哈拉沙漠的温度通常在 50℃以上！幸运的是，这些风蚀岩石可以用于遮阳。

05 撒哈拉之眼

撒哈拉沙漠，北非

这个圆顶岩石受到了风的侵蚀，它的形状看起来就像沙漠中的一个巨大圆形标靶。

06 石灰石雨伞

白色沙漠，埃及

这些奇怪的东西是由坚硬的石灰岩构成的。

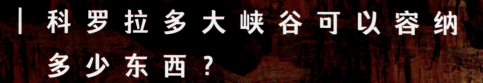

科罗拉多大峡谷可以容纳多少东西？

科罗拉多大峡谷是由河流的侵蚀作用而形成的。慢慢地，河水冲碎岩石，在地面上形成了一条又长又深的裂缝。

1100

万亿加仑① 的可乐

① 英美制计量单位。1 美加仑 ≈ 3.785 升。——编者

如果科罗拉多大峡谷里装满了可乐，那么美国人要花将近 7.8 万年的时间才能将其喝光！

科罗拉多大峡谷位于美国西部，亚利桑那州的北部。

科罗拉多大峡谷非常深，从顶部很难看到它的底部。

侵蚀

指的是地球表面遭到冰、水、风和土壤磨损的过程。

长 446 千米

科罗拉多大峡谷几乎和英格兰一样长。它可以从伦敦一直延伸到英格兰北部与苏格兰交界的地方！

宽 29 千米

横穿峡谷最宽的地方，相当于在奥运会标准跑道①上跑 72 圈！

———————————

① 奥运会标准跑道的长度为 400 米。——编者

600 万年

科罗拉多河和流入其中的溪流花费了 500 万到 600 万年的时间不断侵蚀岩石，才形成了我们今天看到的科罗拉多大峡谷。

1600 多米深

这几乎是世界上最深的河流——非洲的刚果河——深度的 8 倍。

可以从太空中看到！

科罗拉多大峡谷非常庞大，甚至可以在围绕地球运行的国际空间站上看到。

冰冻星球

北极有多冷？

北极的冬天能达到 -40℃。这的确很冷，不过和其他冰冷的东西相比又如何呢？

-18℃　冰箱

这可能是你家冰箱冷冻层的温度，这个温度可以使食物保持低温，避免发霉。

-10℃　冰激凌

在这个温度下，这种冷冻的美食既足够软，可以挖起来吃，又足够硬，不会从蛋卷上流下来。

-28℃

珠穆朗玛峰的顶端

这里的空气非常稀薄，因此这里的温度无法升得很高。登山者必须穿着特殊的衣服才不会被冻伤。

−1℃ **雪人**

这个温度在冰点以下，空气中还有一些湿气可以把雪粘在一起。再暖和一点，这位"寒冷"先生就会融化！

3℃
英格兰冬天的平均温度

在这个温度下，你需要佩戴围巾和手套，但还没有冷到会结冰和下雪的程度。

−40℃
北极的冬天就是这个温度。

最大的冰山在哪里？

众所周知，泰坦尼克号是撞到冰山后沉没的，但还有更大的冰山漂浮在海上。一个叫 B-15 的冰山比牙买加岛还要大！

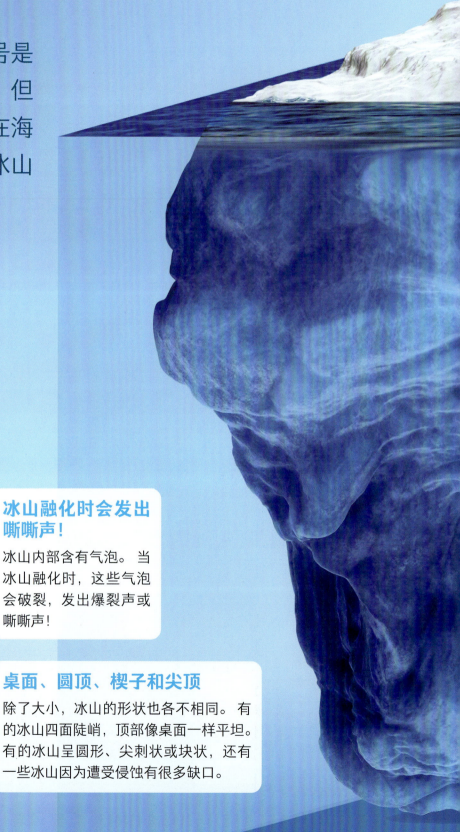

B-15冰山

1571000

总的来说，冰山 B-15 的大小相当于这么多个足球场加在一起！

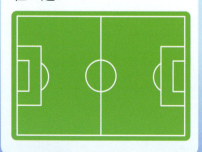

冰山融化时会发出嘶嘶声！

冰山内部含有气泡。当冰山融化时，这些气泡会破裂，发出爆裂声或嘶嘶声！

桌面、圆顶、楔子和尖顶

除了大小，冰山的形状也各不相同。有的冰山四面陡峭，顶部像桌面一样平坦。有的冰山呈圆形、尖刺状或块状，还有一些冰山因为遭受侵蚀有很多缺口。

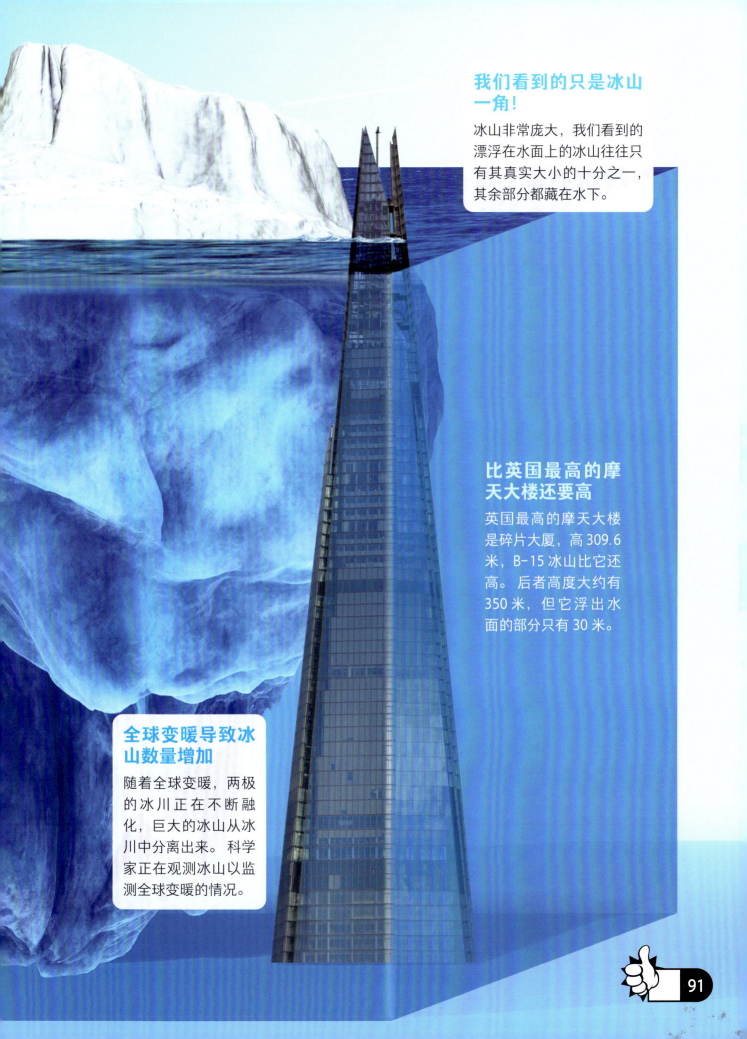

我们看到的只是冰山一角！

冰山非常庞大，我们看到的漂浮在水面上的冰山往往只有其真实大小的十分之一，其余部分都藏在水下。

比英国最高的摩天大楼还要高

英国最高的摩天大楼是碎片大厦，高309.6米，B-15冰山比它还高。后者高度大约有350米，但它浮出水面的部分只有30米。

全球变暖导致冰山数量增加

随着全球变暖，两极的冰川正在不断融化，巨大的冰山从冰川中分离出来。科学家正在观测冰山以监测全球变暖的情况。

关于冰川的八个很酷的事实

冰川就像一条巨大的冰河，但流动得非常缓慢。它们是由积雪变成冰的，并经过了数百年的变化才形成。

01 像河流一样流动

人们可能认为冰很硬，但与岩石相比，冰并不硬。结了冰的冰川可以非常缓慢地沿着山坡和山谷移动，并在移动的过程中雕刻出美丽的风景。

02 每天大约移动 1 米

由于本身具有巨大的重量，冰川的移动非常缓慢……也许每天只有 1 米。有史以来移动速度最快的冰川是巴基斯坦的库蒂亚冰川。1953 年，库蒂亚冰川在 3 个月内移动了 10 千米。

03 冰川造就了英国

从崎岖的苏格兰高地到英格兰北部连绵起伏的山丘，再到更南边相对平坦的地区，都是冰川在上一个冰河时期形成的。冰川在向南流动的过程中逐渐融化，携带的巨石就沉淀了下来。

04 曾经统治地球

目前，地球上 10% 的土地被冰川所覆盖，总面积达到了1500 万平方千米。然而大约在 12,000 年前，最后一个冰河时期结束时，冰川覆盖的土地面积是现在的 3 倍多。

05 有的冰川已有几千年的历史

06 正在受到全球变暖的破坏

自 20 世纪初以来，冰川开始以惊人的速度减少，它们融化速度比以往任何时期都要快。这很大一部分原因要归咎于全球变暖——温室气体使地球变得更热。

07 人们喝来自冰川的水

在一些干旱地方，比如中国和印度的某些地区，人们从冰川融化后形成的溪流和河流中获得饮用水和农业用水。事实上，世界上大约 69% 的可饮用水都冻结在冰川中。

08 最大的冰川比英格兰还要长

世界上最大的冰川是位于南极洲附近的兰伯特冰川。它的长度为 400 千米，比英格兰还要长。

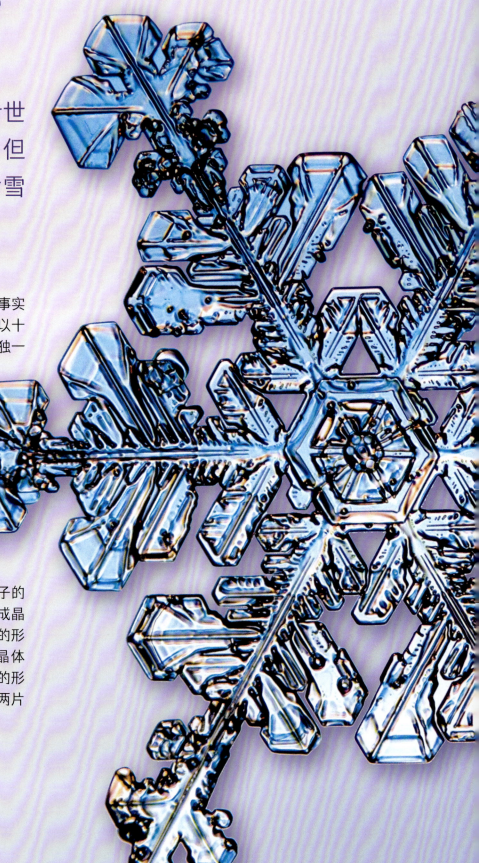

所有雪花都不一样吗？

尽管没有人能够查看世界上的每一片雪花，但我们仍然知道每一片雪花都是独一无二的！

雪花有许多不同的形状和大小。事实上，雪花的形状非常多，我们可以十分肯定的是——每一片雪花都是独一无二的，与天上落下的其他任何一片雪花都不相同。

雪花是由一种名为冰晶的微小物质组成的，这些冰晶由水凝结而成。每一滴水中都有被称为原子和分子的微小物质，当这些分子冻结并形成晶体时，它们可以排列成许多不同的形状。一片雪花是由大量的这些晶体组成的，因此它会有很多种不同的形状。我们可以肯定，世界上没有两片雪花是相同的！

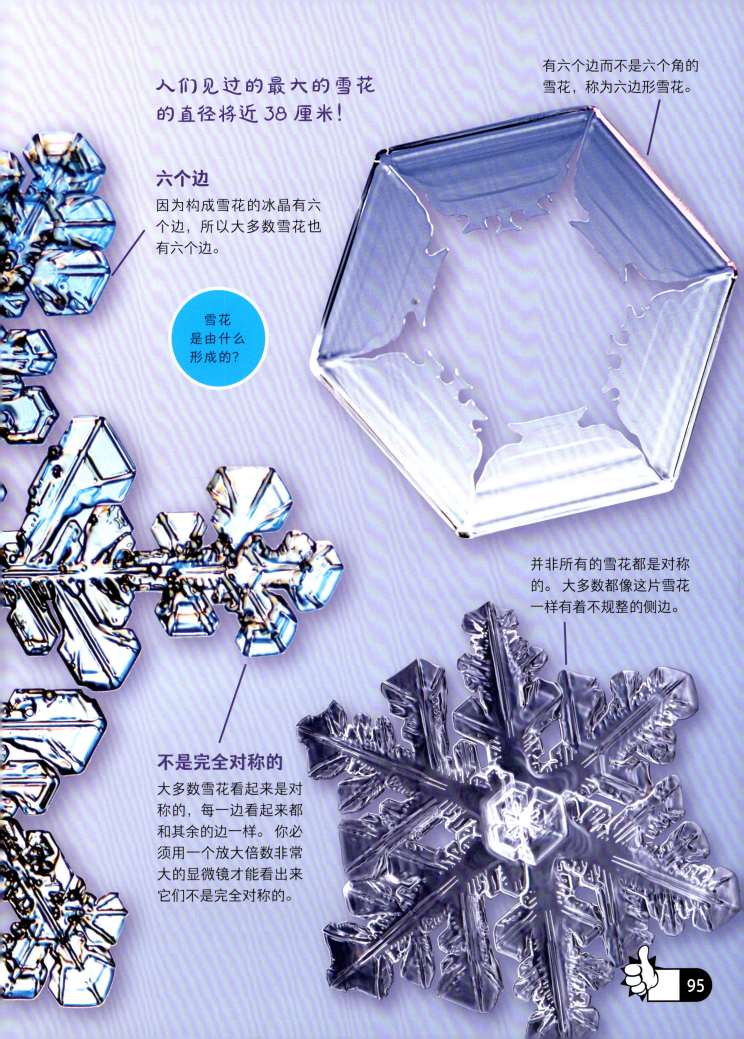

人们见过的最大的雪花的直径将近 38 厘米！

有六个边而不是六个角的雪花，称为六边形雪花。

六个边

因为构成雪花的冰晶有六个边，所以大多数雪花也有六个边。

雪花是由什么形成的？

并非所有的雪花都是对称的。大多数都像这片雪花一样有着不规整的侧边。

不是完全对称的

大多数雪花看起来是对称的，每一边看起来都和其余的边一样。你必须用一个放大倍数非常大的显微镜才能看出来它们不是完全对称的。

喊叫能够引发雪崩吗？

实际上，大喊大叫不会引发雪崩。要做到这一点，你要比历史上的任何人喊得都要大声！

一场地震引发了历史上最大的雪崩

1970 年，秘鲁发生大地震，导致瓦斯卡兰山的一侧发生了大范围雪崩。不幸的是，这场雪崩夺走了 2 万多人的生命。

雪崩只需 5 秒就能达到 130 千米每小时的速度！想象一下，一团雪从山上冲下来的速度比一辆在高速公路上行驶的汽车还要快……

当大量的雪或冰开始从陡峭的山丘或高山上滑落时，就会发生雪崩。这是自然界中最令人印象深刻和最危险的事情之一！雪崩的发生有很多种原因，但绝不是因为喊叫。

雪崩通常发生在大量降雪之后，尤其是当雪落在结实的积雪或者光滑的冰面上时。随着温度的升高，雪开始融化，越来越疏松，最终向山下滑去。雪堆变得越来越大，因为它在下滑的过程中收集到了更多的雪。

喊叫会产生气压波，但永远不会导致雪崩。大多数情况下，引发雪崩需要的压力是喷气式发动机的噪声所产生的压力的十倍。在下一个滑雪假期，你可以放心地尽情歌唱！

可能有一场雪崩正在发生

没有人知道一共发生过多少次雪崩，但仅在加拿大，每年就会发生数千次雪崩。无数的雪崩发生在世界各地的山区。幸运的是，在大多数雪崩中没有人受伤。

300
千米每小时
全速下滑的雪崩可以像一级方程式赛车一样快！

你可以通过游泳在雪崩中幸存下来

如果遇到雪崩，你可以顺流而下，这样就不会下沉。移动可以确保雪不会堆积在你的周围。

滑雪板会导致雪崩

因为滑雪板、雪橇和雪地摩托可以穿过雪地，而横穿积雪很厚的斜坡就可能会引发雪崩。

沙漠

地球上最热的地方在哪里？

在炎炎夏日，我们有时候会觉得自己仿佛身处地球上最热的地方。但事实上世界上最热的地方在美国加利福尼亚州的死亡谷。

地球上有史以来最热的温度出现在美国加利福尼亚州的死亡谷，这里的气温曾达到了56.7℃，这足以熔化柏油路面！尽管这一温度是在1913年被记录下来的，但这里夏季的平均温度仍然接近52℃。

死亡谷的温度之所以非常高是因为这里的海拔太低了，有些地方甚至低于海平面，所以没有风可以吹到这里来降温。狭窄的山谷也使得空气无法流通，所以这里变得越来越热，就像在烤炉里一样。

地面热得可以煎鸡蛋了！
2013年，一位公园管理员在死亡谷炙热的阳光下用平底锅煎鸡蛋。好吃！

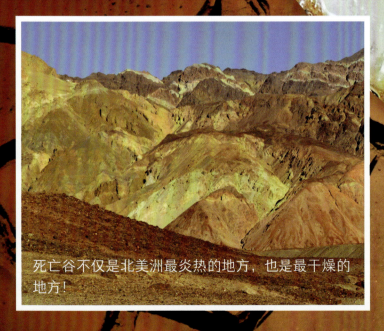

死亡谷不仅是北美洲最炎热的地方，也是最干燥的地方！

几乎从不下雨
死亡谷是地球上最干燥的地方之一，每年的降雨量不到6厘米。

有一些疯狂的生物住在这里！

死亡谷是蝙蝠、老鼠和秃鹫的家园，这里的乌龟甚至可以一年多滴水不进！

平均温度

你需要花时间收集大量的读数才能获得典型的平均值。

经历了有史以来最热的夏天

在 2001 年，这里的气温曾连续 154 天超过了 38℃。好热！

不是一直都这么热

即使是地球上最热的地方也有冷的时候！冬天，这里的温度可以达到 0℃，也就是冰点。

世界上最大的沙漠在哪里？

南极沙漠是世界上最大的沙漠，
尽管它几乎完全被冰雪覆盖。

1300
万平方千米
这是南极沙漠覆盖
的面积！

当提到沙漠时，我们经常会想到绵延起伏的沙子和酷热的天气。但事实上，地球上最大的沙漠位于最寒冷的地区。沙漠是降雨量或降雪量很少的地方。

南极洲位于世界最南端，也就是南极。这里有地球上最大的沙漠，几乎完全被冰雪覆盖。不过，实际上这里很少下雪。我们称这些地方为极地沙漠。

撒哈拉沙漠是世界上最大的热沙漠，占据了非洲将近四分之一的地区，由沙子、岩石，甚至山丘组成，温度可以达到58℃。

南极洲是位于地球南极的大陆。

撒哈拉沙漠：地球上最大的热沙漠

地理位置：非洲

这片巨大的沙漠横穿非洲大陆，是地球上最热的沙漠，但在夜间这里的温度可能会降至0℃以下！

最高的沙丘有多高？

沙丘是沙子在风或水流的作用下形成的小山。有的沙丘高达0.5千米，比有的摩天大楼还要高！

沙丘有不同的形状和大小。它们的形成需要有三个要素。首先，要有很多松散的沙子，比如说在海滩或者沙漠。其次，要有足够的风来吹动沙子。最后，还要有一些东西来挡住沙子的去路。

在风的作用下，沙子会一直移动，直到有石头之类的物体挡住了它们。沙子会在这些物体的旁边形成一个小的斜坡。随着越来越多的沙子被吹到这里，小小的沙丘变得越来越大。风力越大，沙丘就会越高，这就是在多风的沙漠中沙丘会变得非常大的原因。

中国的巴丹吉林沙丘是世界上最高的沙丘，它们的高度已经超过了500米。

20米
这是戈壁滩的一些沙丘每年移动的距离。

变形者
随着沙子从一个地方被吹到另一个地方，沙丘也一直在发生变化，有的甚至穿过了沙漠！

纽约的帝国大厦的高度有440多米，可仍然比不上最大的沙丘。

会唱歌的沙丘
刮风的时候，有些沙丘会发出神秘的口哨声。科学家不能确定这种情况究竟是如何发生的，或者为什么会发生。

沙子来自哪里？

大块的石头和贝壳被海水拍碎就会形成沙子，这需要数千年甚至数百万年的时间。

海滩一直在变化。沙粒会被风刮走，被潮汐或雨水冲走。有时，强大的风暴会将大量的沙子带入大海或者吹向内陆。将岩石颗粒从一个地方搬运到另一个地方的运动被称为侵蚀。

风化作用
岩石在海浪和天气的作用下分解的过程。

金色的沙子
世界上大多数的海滩都有浅金色的沙子，它们大多是由一种叫作石英的矿物形成的。

黑色的沙子
火山附近的海滩通常有黑色的沙子，这是因为它们含有火山喷发留下的熔岩颗粒。

岩石

这些岩石被风化成小的碎块，一旦它们变得足够小，就会在侵蚀过程中被带走。

贝壳

这些被称为软体动物的海洋生物，它们留下的遗骸会像岩石一样被风化和侵蚀分解。

红色的沙子

有些海滩的沙子呈深红色，这是因为它们来自含有大量铁元素的岩石。

河流

| 亚马孙之旅

亚马孙河是世界上最大的河流，它独特的环境是成千上万种动物的家园。这里每周都会发现新的物种！

亚马孙河横跨南美洲，终点位于巴西。

巨大的面积

亚马孙雨林的面积超过 700 万平方千米，可以容纳 28 个英国！

黑凯门鳄

黑凯门鳄是世界上最大的短吻鳄，它们中的一些从鼻子到尾巴的长度能够达到 5 米。

海牛

海牛以生长在河边的一些植物为食。

巨獭

巨獭往往以家庭为单位，一起生活、狩猎和玩耍。它们通过大声地吼叫、尖叫和咆哮进行交流。

美洲豹

与其他大多数大型猫科动物不同，美洲豹喜欢待在水里。它们猎鹿、捕鱼，甚至会对付凯门鳄。

河水的流量

亚马孙河每秒能流出2亿升水，可以填满80个奥运会规模的游泳池！

水虎鱼

这些小而凶猛的鱼类有着非常锋利的牙齿和非常强壮的下颚。众所周知，它们会攻击人类。

蟒蛇

这些蛇会游泳，它们可以在河里捕食猎物。它们能长到公共汽车那么长！

亚马孙河豚

这些淡粉红色的海豚也被称为亚马孙河豚。它们视力不好，所以利用回声来导航。

世界上最宽的河流

亚马孙河与海洋交汇的地方宽325千米——几乎相当于伦敦与巴黎之间的距离！

最长的河流是哪条河？

地球上最长的河流是尼罗河，它经过了 10 个不同的非洲国家，长达 6671 千米！

尼罗河起源于非洲中部的维多利亚湖，向北一直流到埃及，在那里注入了地中海。它有 6671 千米长——是英国南北向长度的 7 倍！

喀土穆
青尼罗河和白尼罗河在苏丹喀土穆市附近汇合，形成了尼罗河。

白尼罗河
尼罗河的主要河段之一，河水中的岩石颗粒使河流呈现出灰白色。

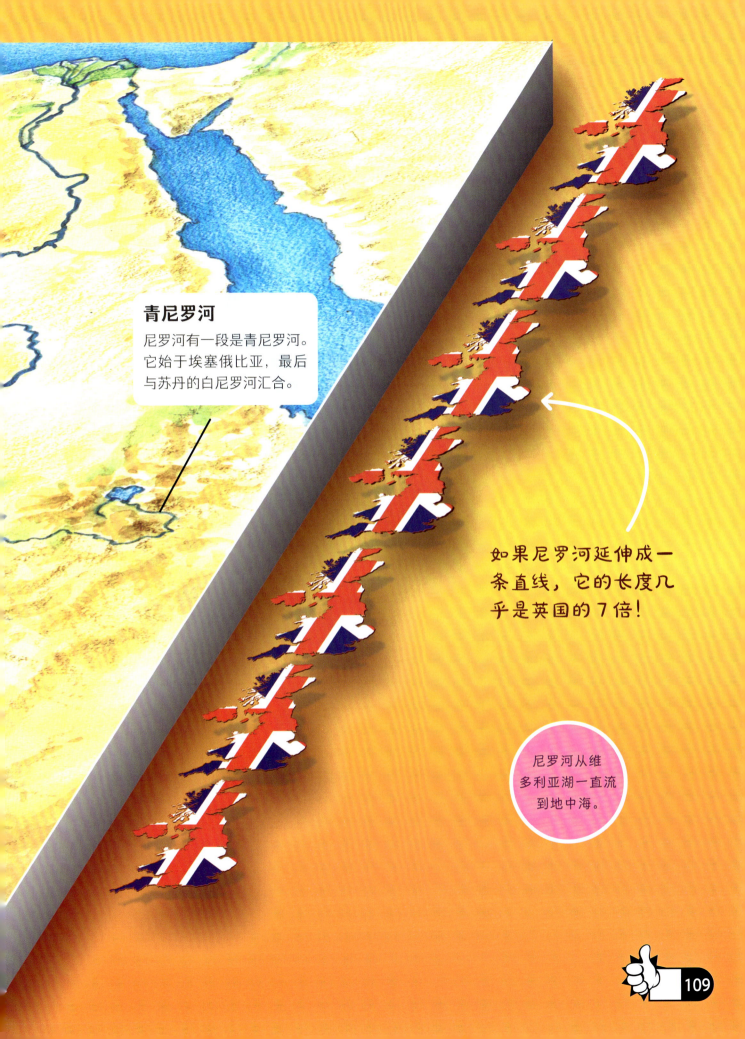

青尼罗河

尼罗河有一段是青尼罗河。它始于埃塞俄比亚，最后与苏丹的白尼罗河汇合。

如果尼罗河延伸成一条直线，它的长度几乎是英国的7倍！

尼罗河从维多利亚湖一直流到地中海。

植物

世界上最重的物体是什么？

世界上最重的生物是一棵树，被称为谢尔曼将军，重量几乎相当于 30 尊自由女神像的重量！

世界上体积最大的树被称为谢尔曼将军，它也是地球上最重的生物。这棵树是以一位受人尊敬的美国军人的名字命名的。它的树干有公共汽车那么宽，几乎和大本钟一样高。

谢尔曼将军是一棵巨大的红杉。这个树种一般长得十分巨大，它们是地球上最宽、最高的树种之一。红杉也是最古老的生物之一，有 1 亿年的历史！它们之所以这么重，是因为它们巨大的树干中容纳了大量的水分。

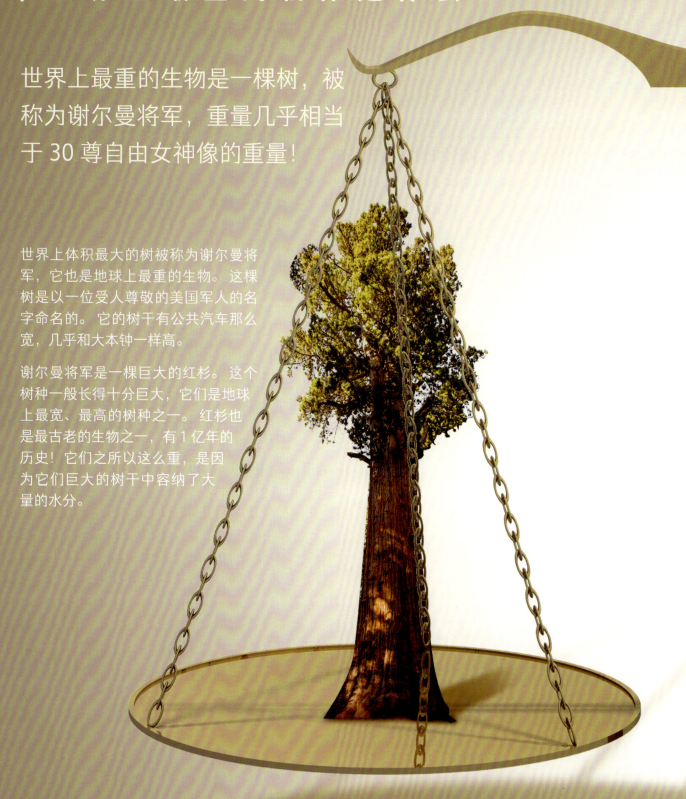

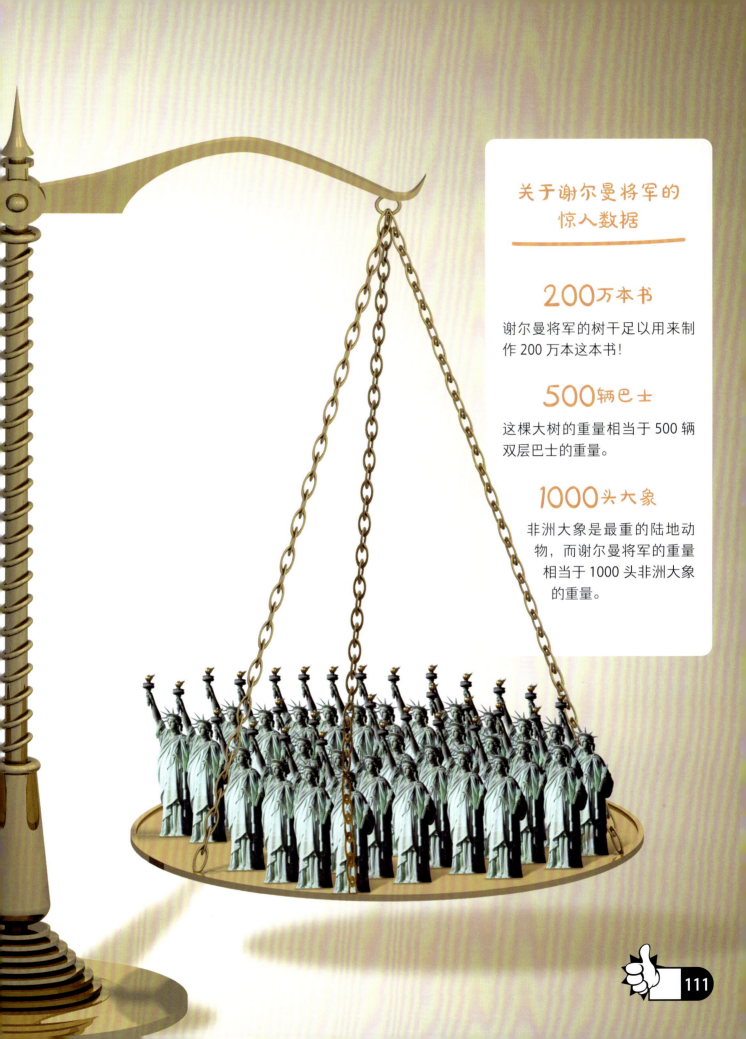

关于谢尔曼将军的惊人数据

200万本书

谢尔曼将军的树干足以用来制作 200 万本这本书!

500辆巴士

这棵大树的重量相当于 500 辆双层巴士的重量。

1000头大象

非洲大象是最重的陆地动物,而谢尔曼将军的重量相当于 1000 头非洲大象的重量。

关于植物的七个惊人的事实

尽管植物看起来是无害的，但有些植物却有着惊人的秘密。它们可能很恶心，甚至会致命！

01 毛茛是地球上最致命的植物之一

毛茛看起来无害，但实际上这些小花有剧毒。对任何来这里吃草的牛来说，毛茛都会让它们痛苦地死去。它还会给人类带来严重的皮疹。

02 有些热带植物喜欢吃粪便！

拉贾猪笼草有着世界上最不寻常的食性之一，它把自己变成了树鼩和其他小动物的厕所。它用甜美的花蜜吸引小动物，然后吸收它们的粪便，对其进行回收利用！

03 臭鼬卷心菜有一股恶臭

据说这种植物的某些部位是可以食用的，但它们的气味几乎和与它们同名的有着黑白条纹的动物一样难闻。这种植物中还含有一种名为草酸钙的化学物质，如果你吃得太多，这种物质是可以致命的！

04

仙人掌在几乎没有水的情况下可以存活数月。

05 匙叶猪笼草会
吃青蛙！

听起来可能很奇怪，但有一个
科的植物的确可以诱捕老鼠、
青蛙和鼩鼱这类小动物。这
些杀手用巨大的像钟一样的身
体将这些动物困住，然后再慢
慢地吃掉它们。

哪种
黄色的花对牛
有毒？

06 绞杀榕会杀死
其他植物

顾名思义，绞杀榕寄生在其他
树上，以窃取这些树的阳光和
根部的营养。当这些可怜的
树枯死时，绞杀榕就会长到下
一个受害者身上。

07

夹竹桃是世界
上毒性最强的
植物之一。

113

什么是雨林？

每年的降雨量超过 1.5 米的森
林就是雨林。
这里是数百万种动植物的家园。

雨林只覆盖了地球陆地面积的
6%，但它们对世界上的其他地
区来说非常重要。它们提供了
我们每天所需的大量食物和药
品。而且这里充满了生机，每
10 平方千米的土地上就有 1500
多种花卉和 400 多种鸟类。

有两种不同类型的雨林：热带
雨林和温带雨林。热带雨林位
于赤道附近，既温暖又潮湿。
温带雨林分布在气候温和的地
区，气候比较凉爽，但是也很
潮湿。除了南极洲外，所有的
大洲都有雨林。

动物园
超过一半的动物生活在雨
林中。科学家认为那里还
有数百万个物种有待发现。

药房
25% 的药物中含有来自热带
雨林的成分，其中一些成分
在其他任何地方都找不到。

社区

数以百万计的人生活在热带雨林的部落中，他们从周围的环境中获得住所、药品、食物和水。

氧气工厂

雨林是数百万种植物的家园，这些植物可以通过光合作用产生大量的氧气。

杂货店

雨林生产了许多我们喜欢的食物，例如咖啡、香料、坚果和可可（用于制作巧克力）。

GROCERY STORE

脑力游戏

关于地球和自然奇观的大测验！

答案参见第 120 页

选择正确答案

1. 木星最大的风暴能容纳多少个地球？

见 29 页

A. 9

B. 3

C. 4

2. 地球自转一圈需要多少个小时？

见 21 页

A. 14

B. 34

C. 24

3. 把物体拉向地球的力叫作：

见 32 页

A. 磁力

B. 加速度

C. 重力

4. 水变成水蒸气的过程叫作：

见 72 页

A. 蒸发

B. 降水

C. 冷凝

5. 冰雹落向地面时有多快？

见 77 页

A. 1000 千米每小时

B. 160 千米每小时

C. 50 千米每小时

6. 世界上最大的沙漠在哪里？

见 100 页

A. 南极洲

B. 喀拉哈里

C. 撒哈拉

图形配对

没有两片雪花是一样的。不过，这里有两片雪花是一样的！你能找到是哪两片雪花吗？

问答题

1. 你还记得海洋最深的地方在哪里吗？
见 66 页

2. 世界上高度最高的山叫什么？
见 48 页

3. 大型天然喷泉叫什么？
见 68 页

4. 地球围绕什么自转？
见 18 页

5. 谁发现了重力？
见 32 页

脑力游戏

选出不同项

你能从下面每一题中选出与其他选项不同的那一项吗？

1. 下面哪个不受太阳的影响？

温度　　　　　　鸟儿飞翔　　　　　植物生长　　　　照明的光线

2. 下面哪个不是在地下发现的？

   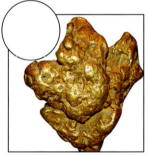

红宝石　　　　　化石　　　　　　花　　　　　　黄金

3. 下面哪个不含有水分？

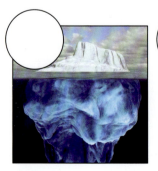 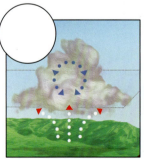  

冰山　　　　　　云　　　　　　亚马孙河　　　　沙丘

脑力游戏

你知道吗？

测测你学到了多少东西？这些问题的答案都可以在这一期的内容中找到。

1. 北极附近出现的迷人的光叫什么？

见 40 页

2. 环绕地球中部的假想线叫什么？

见 28 页

3. 写出地球周围空气层的名称？

见 38 页

4. 雨林每年的降雨量是多少？

见 114 页

5. 科罗拉多大峡谷能容纳多少加仑的可乐？

见 86 页

6. 地球上的大部分冷冻淡水储存在哪里？

见 64 页

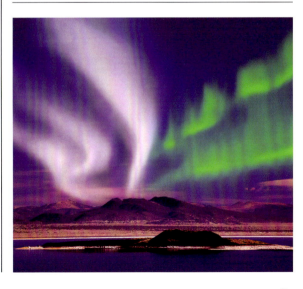

答案

选择正确答案
1.B   2.C   3.C   4.A   5.B   6.A

图形配对

问答题
1. 马里亚纳海沟
2. 冒纳罗亚山
3. 间歇泉
4. 地轴
5. 艾萨克·牛顿

选出不同项
1. 鸟儿飞翔
2. 花
3. 沙丘

你知道吗？
1. 北极光
2. 赤道
3. 大气层
4. 1.5 米
5. 1100 万亿加仑
6. 冰盖和冰川